Un marché de l'innovation publique en voie de recomposition

éditorial

Avec leurs équipes multidisciplinaires, leurs réseaux de centres de recherches et leurs écosystèmes internationaux de partenariats, la diversité des profils et des compétences disponibles, les grands cabinets de conseil participent activement aux transformations des entreprises mais aussi des organisations publiques. Leur rôle est même renforcé dans un contexte d'accélération de la révolution numérique.

Dans ce septième numéro d'*Horizons publics*, nous avons souhaité remettre en perspective l'évolution et le jeu de ces acteurs du conseil dans la fabrique de l'innovation publique. En effet, l'innovation publique est devenue un marché à part entière, qui connaît une belle croissance et dans lequel les cabinets de conseil en stratégie ou généraliste et au niveau mondial, se taillent la part du lion.

Mais c'est aussi un marché en pleine recomposition, avec de nouvelles formes d'expertise privée qui émergent (start-up, entrepreneurs Govtech), de nouveaux entrants soucieux de défendre une vision différente du conseil et des acteurs publics plus agiles.

Car, si l'innovation publique est finalement devenue un marché, il ne sera jamais comme les autres : il porte sur des questions d'intérêt général, de transformation de nos services publics, des nouvelles formes de participation citoyenne, amplifiées par le mouvement des gilets jaunes, ou encore de l'évolution des métiers exercés par des agents publics.

C'est pourquoi, toujours fidèle à notre ligne d'ouverture éditoriale, nous avons souhaité donner la parole à des consultants, des chercheurs et des acteurs publics impliqués dans la transformation publique.

Avec, comme fil conducteur, la volonté de vous apporter des éclairages sur de nombreuses questions : les consultants sont-ils les plus aptes à conseiller les décideurs publics ? Faut-il revoir les procédures d'appel d'offres pour favoriser l'innovation ? Le recours aux consultants est-il un effet de mode ou un phénomène structurel, notamment à l'hôpital ? Comment la démocratie participative est-elle devenue un marché de plus en plus concurrentiel ? Comment mieux prendre en compte la pluralité des savoirs pour nourrir l'action publique ?

Nous vous souhaitons, en ce début d'année, nos meilleurs vœux pour 2019 en espérant une année toujours plus innovante pour vous-même et vos équipes !

JANVIER
FÉVRIER 2019
07

COMPRENDRE
ANTICIPER
INNOVER
AGIR

HORIZONS PUBLICS

SOMMAIRE

L'actualité vue par…

Ils nous étonnent

Au-delà des frontières

Grand entretien

HORIZONS PUBLICS

Berger Levrault

Informations indispensables au traitement de votre demande d'abonnement

Bulletin d'abonnement à retourner à : *Berger-Levrault - Service Relation Client - 64 rue Jean Rostand - 31670 Labège*

Je souscris un abonnement d'1 an à Horizons publics : ☐ **FORMULE INTÉGRALE** ☐ **FORMULE NUMÉRIQUE**

CONTACT ET ADRESSE DE FACTURATION

Numéro de client

Structure : ....

NOM Prénom : ....

Fonction : ....

Adresse : ....

....

Code postal : ☐☐☐☐☐ Ville : ....

E-mail : ....

☐ Je certifie avoir pris connaissance des conditions générales d'abonnement et d'utilisation disponibles sur : **www.horizonspublics.fr/mentions-legales**

L'utilisateur dispose, conformément à la règlementation française et européenne en vigueur relative au traitement et à la protection des données à caractère personnel et notamment le règlement européen 2016/679 du 27 avril 2016, d'un droit d'accès, de rectification, de portabilité et d'opposition aux informations qui le concernent. Pour exercer ce droit, l'utilisateur doit en faire la demande, en justifiant de son identité, à Berger-Levrault, Direction juridique, 64 rue Jean Rostand, 31670 Labège ou à *courrier@berger-levrault.com*

VOTRE COMPTE D'ACCÈS À HORIZONSPUBLICS.FR

(Pour la formule « Intégrale » et la formule « Numérique »)

Civilité NOM Prénom : ....

Email : ....

Dans le cadre de votre abonnement, vous pouvez bénéficier de 10 comptes d'accès. Pour en demander l'ouverture, veuillez lister sur papier libre les civilités, noms, prénoms et e-mails des accès supplémentaires souhaités.

VOTRE ADRESSE DE LIVRAISON

(Uniquement pour la formule « Intégrale »)

Nous vous remercions de bien vouloir renseigner votre adresse de livraison si celle-ci est différente de l'adresse de facturation.

Structure : ....

NOM Prénom : ....

Adresse : ....

....

Code postal : ☐☐☐☐☐ Ville : ....

Cachet, date et signature

Berger-Levrault et vous - Pour commander ou demander des informations

boutique.berger-levrault.fr

relationclient@berger-levrault.com

0 820 35 35 35 Service 0,20 € / min. + prix appel

Du lundi au vendredi de 8 h à 12 h et de 13 h à 17 h 30

05 61 39 86 64

64, rue Jean Rostand 31670 Labège

afaq ISO 9001 Qualité AFNOR CERTIFICATION

Dossier

TRANSFORMATION PUBLIQUE : UN MARCHÉ COMME UN AUTRE ?

Sur le terrain

Mises en perspective

Réactions

Anticipations publiques

Cultures publiques

Emmanuel Vivé,

directeur de l'Adico et de Déclic

Propos recueillis par **Julien Nessi**

Emmanuel Vivé

Emmanuel Vivé est directeur de l'Association pour le développement et l'innovation numérique des collectivités (Adico) et président de Déclic, un réseau d'échange d'informations entre structures de mutualisation informatique (SMI) et opérateurs publics de services numériques (OPSN).

1 LES COLLECTIVITÉS LOCALES FACE AUX DÉFIS DU NUMÉRIQUE

Face à l'accélération des transformations numériques, les collectivités locales sont souvent prises de vitesse ou dépassées par la complexité et la multiplication des législations. Les plus petites d'entre elles n'ont souvent pas les moyens ou les ressources nécessaires pour accompagner ou anticiper ces transformations. Quel regard portez-vous sur le numérique dans les territoires et quel rôle jouez-vous pour accompagner ces collectivités ?

« Effectivement, les réformes numériques s'accélèrent et il est souvent difficile pour les collectivités territoriales, de taille moyenne ou plus petite, de suivre ce rythme. Le RGPD, par exemple, a pris de court de nombreux acteurs locaux, faute d'informations, de ressources ou de moyens suffisants pour anticiper. Le RGPD, la désignation d'un délégué à la protection des données (*data protection officer*

Adico et Déclic, deux acteurs engagés dans la transformation numérique des collectivités locales

L'Association pour le développement et l'innovation numérique des collectivités (Adico) est une association créée en 1990, à l'initiative de l'Union des maires de l'Oise et avec le concours du Conseil général et de l'État. Elle est née d'une volonté concrète : accompagner les collectivités locales de l'Oise dans les méandres de l'informatisation. Aujourd'hui, l'association accompagne plus de 1 000 collectivités de l'Oise et des départements limitrophes dans leur transformation numérique. L'association est aussi un centre de formation intitulé « Adico institut » et un service mutualisé de Délégués à la protection des données (DPD).

Déclic est un réseau d'échange d'informations entre structures de support informatique départementales. Il regroupe aujourd'hui 32 structures départementales et 18 000 collectivités locales. Sa mission principale est d'accompagner numériquement les collectivités notamment sur les logiciels métier.

[DPO]) ou encore les plateformes numériques pour gérer les démarches administratives (COMEDEC[1], Presaje[2]) sont quelques-uns des dossiers auxquels sont confrontées les collectivités locales au quotidien. Notre rôle est de les aider à aller aussi vite que ces évolutions numériques. L'objectif du gouvernement est d'atteindre 100 % de démarches administratives dématérialisées en 2022. Les collectivités locales sont en première ligne pour y parvenir, c'est notre conviction. C'est pourquoi nous les accompagnons au quotidien. Nous organisons régulièrement des conférences avec des acteurs publics (la DINSIC[3], la CNIL[4], le ministère de la Justice, le CGET[5], la DGFIP[6], etc.) et des collectivités innovantes pour sensibiliser, informer, proposer des solutions et partager les bonnes pratiques en matière de numérique dans les territoires. Par exemple, sur COMEDEC, nous avons fait venir un responsable du ministère de la Justice pour expliquer le dispositif. Grâce à cette action, l'Oise est devenue un département pionnier sur ce dispositif dématérialisé de délivrance de données de l'état civil. Nous avons procédé de la même manière pour faire connaître et former les collectivités à l'utilisation de la plateforme Presaje. En un an, 85 % des collectivités du département de l'Oise ont créé un compte Presaje. En accompagnant concrètement sur le terrain les collectivités locales, nous arrivons à faire cette transformation publique. Nous sommes sur un vrai service à l'usager.

Nos structures jouent un rôle d'accompagnement numérique des collectivités qui n'est pas suffisamment reconnu. Certains élus pensent qu'il faut mettre en opposition le numérique et la ruralité. Or aujourd'hui, c'est l'inverse : le numérique peut apporter des services aux usagers dans les zones rurales. Nous avons un rôle de proximité, nous sommes complémentaires des associations d'élus comme l'AMF[7] ou l'AMRF[8]. Nous allons aussi intensifier nos actions pour former et accompagner nos adhérents sur le Répertoire électoral unique (REU), le prélèvement à la source ou encore la dématérialisation des marchés publics. En 2019, la sécurité des systèmes d'information (RSSI), l'*open data* – imaginer quelles données pour quels usages à l'échelon départemental – et l'évolution des métiers dans les collectivités sont parmi nos chantiers prioritaires. Par exemple, sur ce dernier point, nous avons identifié de nouveaux profils qui émergent avec la transformation numérique des collectivités. Les ergonomes sur l'adaptation des postes de travail (sièges, hauteurs des tables, types de souris, etc.) ou encore les psychologues numériciens sur la gestion des demandes des citoyens avec des usagers plus pressés et plus exigeants.

2 LA PROTECTION DES DONNÉES PERSONNELLES DANS LES COLLECTIVITÉS LOCALES

Le Règlement européen sur la protection des données (RGPD) est entré en application le 25 mai 2018. Il encadre et harmonise, à l'échelle de l'Europe, le traitement des données personnelles par des entités publiques et privées. Il renforce le droit des personnes et créé une nouvelle obligation, celle de désigner un délégué

1. Le dispositif COMEDEC est un dispositif dématérialisé de délivrance de données de l'état civil qui a vocation à centraliser l'ensemble des demandes d'acte adressées aux communes. Ce dispositif est devenu obligatoire le 1er novembre 2018 pour les communes sur le territoire desquelles est située ou a été établie une maternité (L. n° 2016-1547, 18 nov. 2016 de modernisation de la justice du XXIe siècle). COMEDEC poursuit deux objectifs principaux : simplifier les démarches administratives des usagers, en leur évitant d'avoir à produire leur acte d'état civil, limiter la fraude documentaire. Source : ministère de la Justice.

2. Presaje est la plateforme numérique qui accompagne la journée « Défense et Citoyenneté » : *https://presaje.sga.defense.gouv.fr/*

3. Direction interministérielle du numérique et du système d'information et de communication.

4. Commission nationale de l'informatique et des libertés.

5. Commissariat général à l'égalité des territoires.

6. Direction générale des finances publiques.

7. Association des maires de France.

8. Association des maires ruraux de France.

à la protection des données (DPO : pour *Data Protection Officer*). Avec l'arrivée du RGPD, les services de la CNIL sont débordés et les petites collectivités sont dans l'impossibilité d'avoir un DPO, faute de moyens. Quelles sont vos actions pour accompagner ces acteurs locaux dans cette démarche ?

« La mutualisation territoriale des DPO est la solution pour apporter un service égalitaire à l'ensemble des mairies. Cette mutualisation est réalisée par l'Adico mais aussi par d'autres membres de l'association Déclic sur tout le territoire. Le service des délégués à la protection des données de l'Adico continue à se développer. Nous avons créé cinq postes de DPO et deux en cours de recrutement pour accompagner les collectivités dans la mise en conformité au RGPD : l'Oise, la Somme, l'Eure, la Seine-Maritime et le Val d'Oise ont ainsi mutualisé cette fonction. En tout, ce sont plus de 700 collectivités qui ont délibéré pour faire de l'Adico leur DPO. Au niveau de Déclic, nous avons engagé la même démarche de mutualisation et d'externalisation qui correspond à un besoin du terrain. Nous avons mis en place un groupe de travail DPO. Aujourd'hui, Nous créons des postes au sein de nos structures et nous proposons aux collectivités des DPO. Un DPO peut suivre entre 70 et 100 collectivités (moins de 500 hab.), financé par des cotisations additionnelles ou intégré dans l'adhésion globale à la structure. Pour les autres collectivités, la mise en conformité va être très longue et très compliquée. Aujourd'hui, des intercommunalités se sont associées à cette démarche : la communauté de communes des Sablons, dans l'Oise, a mutualisé la mise en conformité pour l'ensemble de ses communes membres et a confié cette mission à l'Adico. La communauté d'agglomération de la région de Compiègne et de la Basse Automne a également passé commande. Elles ont fait le choix d'une « sur-mutualisation ». Je ne peux que conseiller de nommer son DPO et de commencer la mise en conformité. La mutualisation peut être une solution, cela demande des compétences juridiques, informatiques.

3 LA DÉMATÉRIALISATION DES MARCHÉS PUBLICS

Depuis le 1er octobre 2018, la dématérialisation des marchés publics supérieurs à 25 000 € HT est devenue obligatoire. À l'occasion de la dernière conférence annuelle de l'Association des acheteurs publics (AAP), qui s'est tenue le 30 novembre dernier, l'un des principaux problèmes remontés par les opérateurs économiques est que les différentes plateformes publiques et les profils d'acheteur se présentent sous des formes diverses et variées complexifiant ainsi la lisibilité des démarches à mener. Qu'avez-vous observé au niveau local ?

« Sur ce sujet, il y a deux enjeux pour les collectivités : comment simplifier la vie des collectivités en créant une interface de programmation applicative (souvent désignée par le terme API pour *application programming interface*) entre les profils acheteurs et le logiciel de gestion financière des collectivités pour le transfert des données essentielles[9]. La dématérialisation est censée en effet simplifier la vie des collectivités et des usagers. C'est une vraie problématique que nous avons observée : les collectivités ne sont pas encore à jour sur ce point. C'est un vrai chantier, il faut leur fournir les solutions techniques (API). Deuxième enjeu : comment faire pour que nos entreprises accèdent facilement à la commande publique ? L'une des solutions pourrait être des agrégateurs de marchés publics crées par des départements ou des régions. Nous l'avons fait dans l'Oise, avec le Conseil départemental, sur *marchespublics.oise.fr*, qui affiche les marchés des principales plateformes.

9. *Via* le flux Pes-Marché.

4 L'IMPACT DU NUMÉRIQUE SUR LES MÉTIERS PUBLICS

Une étude prospective « Transformation numérique : dessinons les métiers publics de demain », publiée par la DITP en novembre (voir article dans *Anticipations publiques*, p. 88), prévoit que plus de 70 % des effectifs de la fonction publique d'État et hospitalière pourraient voir leurs métiers sensiblement voire radicalement transformés par le numérique. Quelle est votre réaction à ce rapport ?

Au niveau des collectivités locales, il y a deux phénomènes simultanés sur la question des emplois publics : le renouvellement des agents en collectivités et l'émergence de nouveaux métiers. Nous avons coutume de rappeler que, d'une manière globale, huit métiers sur dix n'existeront plus dans 10 ans et les métiers publics sont aussi concernés ! 85 % des agents de catégorie C partiront en retraite d'ici 2024 (bilans sociaux traités par les centres de gestion). Il faut donc former pour renouveler les effectifs et remplacer les départs à la retraite mais aussi former sur de nouveaux métiers. Au niveau de l'Oise, nous avons fait par exemple le choix du pass-emploi avec la région Hauts-de-France et Pôle emploi, en formant 12 secrétaires de mairie par an capables de gérer la complexité numérique (parcours de 42 jours avec 3 semaines de stage). Durant la formation, nous les sensibilisons sur le numérique (signature électronique, dématérialisation, etc.), avec un taux de placement de 100 %. Les métiers évoluent clairement, il faut les former. Le CNFPT[10] a mis en place un certain nombre d'outils en ligne : c'est une solution, mais le temps de formation disponible doit être soutenu. Les élus doivent prendre le temps de former leurs agents, sinon le risque est d'avoir des collectivités à deux vitesses et des agents publics en souffrance professionnelle. Tous les postes administratifs vont être impactés par la transformation numérique : agents comptables, responsables de paie, métiers d'accueil, agents bibliothécaires, etc.

5 LE DÉFI DE L'INCLUSION NUMÉRIQUE

13 millions de nos concitoyens demeurent éloignés du numérique : ils n'utilisent pas ou peu Internet, et se sentent en difficulté avec ses usages. Pour tenter de résorber cette fracture numérique, le Gouvernement a lancé une stratégie nationale d'inclusion numérique. Quel diagnostic portez-vous sur cette question dans les collectivités ?

Certaines collectivités ont pris la compétence de l'inclusion numérique, en créant des postes d'accompagnateurs au numérique dans les médiathèques. La ville de Compiègne, par exemple, a mis en place des cyberbases pour accompagner les exclus du numérique (personnes âgées, en situation de handicap, en précarité sociale ou financière). C'est le prochain défi politique de nos territoires. Mon constat, c'est que nous avons déshabillé le service public dans les territoires avec la fermeture des services publics (bureaux de Poste, gare SNCF, écoles, etc.) et que nous déployons en même temps le numérique sans accompagnement. Nous accélérons la transformation numérique du territoire sans attendre ou créer des solutions. La crise des gilets jaunes a fait resurgir ce problème de fond de façon explosive, fruit de plus de 20 ans de disparition des services publics. La priorité politique d'un département, c'est de répondre à cette fracture numérique et d'apporter des solutions. Le numérique doit trouver sa place dans cette nouvelle donne territoriale. La stratégie d'inclusion numérique doit être prise en charge au niveau local, communal et intercommunal. Le bon échelon n'est-il pas intercommunal ? Nous avons créé justement sur ce sujet une commission spéciale « Inclusion numérique » au sein de Déclic, pour relever ce défi local.

10. Centre national de la fonction publique territoriale.

11. File Transfer Protocol.

À Sciences Po, l'innovation au service... de l'innovation

Les étudiants de master 2 de Sciences Po ont la possibilité de suivre un programme de fin d'études dédié à l'innovation dans les politiques publiques. Une véritable formation où les cours magistraux et les travaux dirigés ont fait place à un... incubateur maison.

Par **Gérard Ramirez del Villar**, journaliste

« Nous n'avons pas la capacité d'incuber Facebook mais former Mark Zuckerberg, ça on sait faire [*sic*] ! » : en quelques mots Adeline Braescu-Kerlan résume la logique qui sous-tend l'incubateur de politiques publiques dont elle est responsable. Un incubateur fonctionnant dans le cadre de l'École d'affaires publiques de Sciences Po, lancé en janvier 2017 et qui a quelque peu évolué depuis. Aujourd'hui, c'est un programme de formation proposé aux étudiants titulaires d'un bachelor qui ont intégré l'École d'affaires publiques pour suivre un enseignement de type master 1 et 2 (1 400 étudiants concernés).

Si ces étudiants qui arrivent disposent d'une excellente formation de base, explique en substance la responsable, elle se situe cependant « un peu loin » des problématiques d'innovation publique, « or, nous formons des décideurs », lesquels doivent également faire preuve de créativité. *Via* l'incubateur, ils vont ainsi tester les méthodologies d'innovations afin d'être en mesure, par la suite, de les répliquer tant dans le secteur public que privé. « Nous nous intéressons davantage aux moyens qu'aux résultats », insiste Adeline Braescu-Kerlan, la mise en place d'un prototype étant moins importante que le fait d'être formé solidement.

Ouvertures sur l'extérieur

Concrètement, l'incubateur fonctionne dans une logique d'écosystème, lors du semestre hors les murs des étudiants en deuxième année de master. Il s'agit pour eux de répondre à des « défis » proposés par plusieurs interlocuteurs en s'appuyant, le cas échéant, sur des structures externes. Aux étudiants de 1re année sont proposés des cours optionnels et des ateliers dédiés : entrepreneuriat, *design thinking*, etc. Cette année, trois thèmes ont été définis : vieillissement (améliorer la qualité de vie des usagers du 4e âge), mobilité (définition d'un « modèle de mobilité à la française ») et Jeux olympiques de 2024 (constitution et pérennisation de l'héritage immatériel suite aux Jeux olympiques).

Chaque défi est porté par un groupement de partenaires ayant intérêt à agir sur le sujet. Par exemple, sur le vieillissement sont associés la Mutualité française, la ville de Nice et des experts, tels que Jérôme Guedj (ex-député, haut fonctionnaire), Philippe de Normandie (MNH Group), Régis Aubry (Observatoire national de la fin de vie), etc. Quant aux étudiants, après un stage de d'immersion chez un des partenaires, ils s'attachent à reformuler un défi concret par une question à laquelle ils répondront sous forme d'un prototype.

Des réalisations concrètes

Comme l'explique Adeline Braescu-Kerlan, l'année dernière les étudiants ont ainsi planché sur la manière d'améliorer le taux de non-recours au RSA, d'environ 40 %, très problématique humainement et en termes de politique publique. Après leurs entretiens avec des experts, ils en ont identifié trois principales raisons : déficit d'information de la part des usagers, complexité administrative empêchant d'aller au bout des aides, refus pur et simple (personnes n'estimant pas devoir en bénéficier). S'attaquant aux deux premières causes, ils ont, pour la première, développé un jeu vidéo avec franchissement de paliers, ciblant ces adolescents qui jouent le rôle d'intermédiaires avec les familles. Cette « sortie des clous » de la communication traditionnelle a bien fonctionné. Pour lutter contre la complexité administrative, bien souvent rédhibitoire pour les intéressés, les étudiants ont mis au point un algorithme permettant aux travailleurs sociaux d'accéder, non pas à la demande particulière formulée par une personne venue postuler, mais à la liste complète des aides auxquelles elle a droit. Dans les deux cas, le non-recours au RSA est traité sous l'angle du « mieux informer ».

Toujours, dans cette logique d'écosystème, ils se sont associés avec des élèves de l'École 42, créée notamment par Xavier Niel (fondateur de Free) et dont l'une des caractéristiques est qu'il ne s'y dispense ni cours magistraux ni travaux pratiques, dans une logique pédagogique dite « de pair à pair ». Ceux-ci n'ont pas été enrôlés comme les simples partenaires « geek » de l'opération mais ont véritablement participé à la définition du projet, dans le cadre de leur programme MATRICE. Quant à la prochaine promotion ayant opté pour l'incubateur, elle travaillera avec un nouveau partenaire qui va succéder à l'École 42. Une trentaine d'étudiants y sont attendus, répartis en six groupes de cinq, soit un groupe par projet, chaque thématique étant traitée par le biais de deux projets. La sélection des élèves, tout comme la signature avec le nouvel acteur, est en cours.

Adeline Braescu-Kerlan

« L'innovation, une formation à part entière »

Le fait que ce semestre passé au sein de l'incubateur soit l'équivalent d'un stage ou d'un mémoire montre bien l'importance accordée par Sciences Po à l'incubateur, explique Adeline Braescu-Kerlan : « C'est un programme ambitieux sur lequel Sciences Po a vraiment investi. » Par exemple, les étudiants ont pu s'appuyer sur des kits méthodologiques ; ils ont été suivis par des coachs à raison de quatre heures par semaine. Tous ne rejoindront pas forcément le secteur public mais ils auront la possibilité de mettre à profit, voire de capitaliser (pour une start-up, explique Adeline Braescu-Kerlan, par exemple), des travaux et des réflexions initiées au cours de ce cursus. En tout cas, précise Adeline Braescu-Kerlan, à partir de 2018, la propriété intellectuelle des « process » élaborés dans ce cadre appartient aux étudiants.

myCurie : la santé dans la poche

L'Institut Curie propose à ses patients une application mobile leur permettant d'obtenir une information personnalisée sur leur parcours de soins.

Par **Clotilde Cadu**, journaliste spécialisée en santé

À quelle heure est programmée la prochaine consultation ? Et l'examen médical prévu le même jour ? Faut-il s'y rendre à jeun ? Et comment tout cela va se dérouler ? Dans quel ordre ? Qu'avait dit, et prescrit, le médecin lors du précédent rendez-vous ? Des questions comme celles-ci, les patients – pris dans le tourment de la maladie – ne cessent de s'en poser. Ceux qui sont pris en charge au sein de l'Institut Curie trouvent désormais les réponses dans leur poche. Depuis 2017, le centre de lutte contre le cancer met à leur disposition myCurie, une application mobile à télécharger sur leur téléphone ou leur tablette. Ce carnet de santé digital, ultra-sécurisé, offre à chacun une information personnalisée sur son parcours de soins. Le patient y retrouve ainsi le planning de ses prochains rendez-vous et examens, le récapitulatif de ses traitements passés et en cours, les noms et coordonnées de ses médecins, les comptes-rendus médicaux le concernant ainsi qu'une multitude d'informations pratiques. En plus de ces données, des vidéos sont à disposition, pour montrer, par exemple, comment se passe concrètement une IRM. Des renseignements sur les effets indésirables des thérapies, la façon de les éviter et la conduite à tenir en cas d'apparition de l'un d'eux sont aussi disponibles. De quoi rassurer les patients, plongés dans un tourbillon d'inquiétudes et d'interrogations lorsque survient la maladie.

La bonne information au bon moment

« Fournir la bonne information au bon moment améliore le parcours de soins », assure le docteur Alain Livartowski, responsable des projets e-santé et notamment de l'application myCurie et directeur des data de l'ensemble hospitalier Curie. Grâce à cette interface au plus près de leurs attentes, les patients deviennent acteurs de leur santé. Une demande de plus en plus pressante : 93 % des Français désirent davantage d'explications plus pédagogiques pour mieux comprendre ce qui a été dit en consultation tandis que 84 % souhaitent pouvoir lire ou écouter de nouveau les échanges avec leur professionnel de santé, selon l'Observatoire cancer Institut Curie Viavoice 2015. Développée en partenariat avec la société Open, myCurie comble ces attentes. Les patients se sont d'ailleurs très vite approprié la plate-forme : 88 % des utilisateurs en sont satisfaits, selon une enquête menée en septembre 2017, soit quatre mois après le lancement de myCurie. Ils en apprécient la simplicité et l'efficacité. Le téléchargement se fait sans difficulté, et l'utilisation, sans encombre. La rubrique « Mon planning » rencontre la plus forte adhésion : elle est celle qui rend le plus service.

Depuis ce premier sondage, myCurie s'est encore développée avec une version 2, proposant davantage d'options. D'ici la fin de l'année 2018, quelque 5 000 patients soignés à l'Institut Curie devraient utiliser l'application. « L'objectif, c'est 10 000 à la fin de l'année 2019 », indique le docteur Alain Livartowski. En octobre dernier, le médecin a reçu, pour le développement de myCurie, le prix du manager public de l'année 2018, dans la catégorie « Service sur mesure ». La distinction, remise par la Direction interministérielle de la transformation publique (DITP) et Bearing Point, récompense les managers ayant conduit avec succès la mise en œuvre de projets ambitieux et innovants au sein du service public.

■

Alain Livartowski

« L'application ne remplace pas la consultation »

Alain Livartowski est médecin, responsable des projets e-santé, notamment de l'application myCurie et directeur des *data* de l'ensemble hospitalier Curie.

Comment est née l'application myCurie ?

Il y a quelques années, est née l'idée au sein du service informatique de créer un portail patient. À l'époque, l'hôpital était complètement informatisé mais les données restaient à l'hôpital et le patient n'y avait pas accès ; on commençait alors à parler d'e-santé. Nous avons proposé à deux groupes d'élèves de l'école centrale d'électronique, où je donne des cours, de venir en stage à l'Institut Curie pour mettre en place un prototype de portail patient. Pendant six mois, ils ont travaillé sur l'expression des besoins, le cahier des charges et un prototype d'application. Il a fallu ensuite passer à une application industrielle, sécurisée et nous avons pour cela bénéficié d'un mécénat de compétences avec Open, un groupe spécialisé dans le numérique.

Les patients ont-ils été impliqués dès le début ?

Oui. Avant toute chose, nous avons interrogé les patients pour savoir ce qu'ils voulaient. Ils ont été 80 à nous répondre. Il fallait que le portail patients que nous mettions en place corresponde à leurs besoins et non pas à ce que nous imaginions être leurs attentes, aux miennes ou à celles des étudiants stagiaires.

Quels sont les développements à venir ?

Nous sommes passés à la version 2 de myCurie. L'application ne remplace pas la consultation, ni la relation humaine entre le soigné et le soignant. Mais nous testons actuellement la problématique de l'échange entre le patient, qui est chez lui et non pas hospitalisé, les médecins et l'hôpital. C'est une organisation à mettre encore en place.

Une colocation étudiante en EHPAD pour créer du lien intergénérationnel

La ville de Montpellier vient d'être récompensée par un prix Territoria Or pour son initiative des colocations étudiantes en EHPAD. Le principe est simple : loger des jeunes au sein de maison de retraites afin de créer du lien intergénérationnel.

Par **Baptiste Gapenne**, journaliste et co-fondateur de *Territoires-audacieux.fr*

La salle est pleine et l'auditoire conquis. Jimmy, étudiant en droit de 26 ans, fait face à une petite dizaine de retraités. Les mains dans la terre, il réalise avec ces spectateurs du soir un atelier de jardinage. « Comme nous venons de l'extérieur et que nous ne portons pas de blouse, nous réussissons à créer un lien qui est moins celui de patient/soignant », nous raconte-t-il à la sortie, conscient du lien intergénérationnel qu'il est en train de tisser. Car Jimmy est l'un des onze étudiants à bénéficier de la première étape du programme de colocation étudiante en EHPAD du CCAS de Montpellier. Un échange de trois heures de bénévolat minimum, les jeunes peuvent bénéficier d'une chambre au sein d'anciens appartements de fonction de trois EHPAD de la ville.

Musicothérapie, séances de cinéma et apprentissage de Skype

« Nous ne souhaitions pas que ce soit du temps de simples discussions entre les bénéficiaires, nous avons demandé aux candidats de présenter un véritable projet d'activités à mener avec les personnes âgées », précise Annie Yague, adjointe au maire de Montpellier et vice-présidente du CCAS. Ainsi, les résidents des trois établissements concernés bénéficient désormais de la possibilité de discuter sur Skype avec leurs familles éloignées, de séances de cinéma avec analyse après le film ou encore... d'un piano, monté sur roulettes, afin de réaliser des sessions de musicothérapie. Grâce à ce système, les étudiants payent leur loyer entre 40 et 110 € par mois. Un projet gagnant pour tout le monde, d'autant plus que les loyers sont investis pour financer les activités organisées. Ils peuvent également venir profiter de la restauration de l'EHPAD pour un tarif social de 5 €.

Atelier de jardinage dans l'EHPAD du CCAS de Montpellier, 20 novembre 2018.

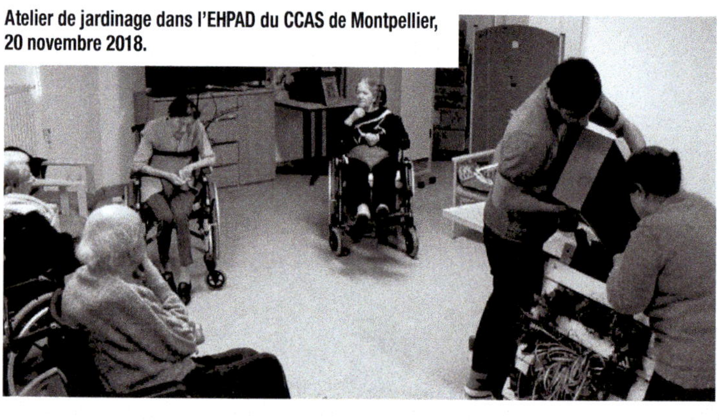

> « Nous souhaitons que nos maisons de retraite deviennent des lieux de vie comme peuvent l'être les Maisons pour tous ou les terrains de sport. Parmi nos résidents, il y en a beaucoup qui n'ont pas la capacité de sortir donc ce que nous voulons c'est faire entrer la vie du quartier à l'intérieur de ces EHPAD », explique Annie Yague, adjointe au maire de Montpellier et vice-présidente du centre communal d'action sociale (CCAS) de Montpellier.

Faire rentrer la vie du quartier dans l'EHPAD

Pour Annie Yague, le CCAS doit faire entrer ce projet dans une vision à long terme beaucoup plus large : « Nous souhaitons que nos maisons de retraite deviennent des lieux de vie comme peuvent l'être les Maisons pour tous ou les terrains de sport. Parmi nos résidents, il y en a beaucoup qui n'ont pas la capacité de sortir donc ce que nous voulons c'est faire entrer la vie du quartier à l'intérieur de ces EHPAD. » Le CCAS de Montpellier ne va pas s'arrêter à cette belle réussite : onze places supplémentaires devraient être créées en 2019 afin de répondre aux nombreuses sollicitations.

HORIZONS PUBLICS — TERRITOIRES AUDACIEUX.FR

Horizons publics, fidèle à sa démarche d'ouverture, a noué un partenariat éditorial avec *Territoires-audacieux.fr*, nouveau média qui valorise les initiatives à impact positif des collectivités publiques. Tous les deux mois, vous retrouverez dans nos pages une initiative innovante d'une collectivité locale, repérée par notre média partenaire.

Les équipes de l'EHPAD et du CCAS sont impliquées au quotidien dans la réussite du projet.

Los Angeles, l'innovation publique grand format

Los Angeles est la deuxième ville la plus peuplée des États-Unis d'Amérique : confrontée à de multiples défis, elle est pionnière dans de nombreux domaines en matière d'innovation. Innovation sociale et technologique pour tenter de faire face à la précarité du logement et au sans-abrisme, culture des *data* pour mieux cibler les actions publiques. Autant de sources d'inspiration utiles pour les acteurs publics français. Retour d'expérience d'un voyage d'études dans cette ville fascinante, dans le cadre d'un partenariat entre la fondation Bloomberg et La 27e Région.

Par **Sylvine Bois-Choussy**, La 27e Région, et **Yoan Ollivier**, Vraiment Vraiment

Poser le décor...

Californie, état le plus peuplé des États-Unis d'Amérique, réputé pour son progressisme et son libéralisme, à l'avant-garde des combats écologistes, contre les armes à feu, pour les droits des homosexuels, des femmes, etc., et qui, à l'ère du Gouvernement Trump, se réinvente en centre moral et culturel d'une nouvelle Amérique.

Los Angeles, deuxième ville la plus peuplée des États-Unis abritant près de 4 millions d'habitants, 830 km d'autoroutes urbaines supportant une congestion routière permanente. Des ressources en eau fragiles, risques d'incendies ravageurs, et en parallèle la création de quelques 30 000 « emplois verts » en 5 ans. Ville polycentrique, 90 nationalités représentées, traversée de tensions ethniques, culturelles, sociales, économiques, etc. Une crise du logement endémique, 29 000 sans-abri, le berceau de mouvements de *community organising* particulièrement inventifs. Son maire, Éric Garcetti, élu en 2013, est l'un des leaders du mouvement des métropoles américaines qui ont adopté l'accord de Paris sur le climat, en dépit du retrait décidé par le président Trump. En cela, il incarne bien la vision de M. Bloomberg sur l'avènement des pouvoirs locaux, en première ligne face aux défis qui traversent nos sociétés, et premiers lieux d'expérimentation de solutions et d'approches nouvelles, au plus près des habitants. Los Angeles lance à tous les innovateurs des défis de grande ampleur, dans lesquelles les questions d'échelle, d'impact et d'inclusion sont essentielles.

« *Think big, move fast* » : l'innovation basée sur les impacts

Le premier élément qui nous frappe est l'échelle, massive, des défis auxquels s'attaquent les équipes i-teams. Ce sont les maires, auxquels elles sont directement rattachées, qui orientent le travail de leur équipe d'innovation sur les priorités de leur mandature : à la Nouvelle-Orléans, diminuer significativement le nombre de décès par armes à feux, à Tel Aviv, améliorer la qualité de vie dans l'un des quartiers les plus mixtes de la ville, à Durham, faciliter la réinsertion des anciens détenus.

Premier chantier pour celle de Los Angeles : la lutte contre la précarité du logement et le sans-abrisme (*homelessness*). La population de la région de Los Angeles a connu un essor de 2,2 millions en moins de dix ans ; si la croissance économique de la ville attire entreprises et emplois, elle a également entraîné une hausse des prix du logement. Les transformations rapides des quartiers entraînent le déplacement des locataires les plus précaires, souvent peu au fait de leurs droits, et contribuent à l'augmentation de la population de sans-abris. La mairie s'est fixé l'objectif de 100 000 nouveaux logements d'ici 2021. L'équipe d'innovation a imaginé un portfolio de réponses de natures et d'échelles diverses : de nouveaux indicateurs pour comprendre l'évolution urbaine, localiser et aider les résidents susceptibles de subir une pression pour quitter leur quartier ; une campagne pour sensibiliser les locataires les plus vulnérables à leurs droits ; un projet pilote d'Accessory dwelling unit pour faciliter la construction de nouveaux logements sur les terrains de maisons individuelles, répondre aux besoins de la ville et encourager les propriétaires à louer à des personnes précarisées.

Les équipes i-teams s'attaquent ainsi à des enjeux larges, complexes plus qu'à des sujets d'innovation ; elles ne cherchent pas à améliorer des services ou politiques existantes, mais plus en amont à comprendre les causalités d'un problème, tester des hypothèses nouvelles, parfois dans des directions inattendues. Il s'agit ainsi de proposer des traductions opérationnelles, systémiques, aux ambitions des maires. Elles sont rattachées au politique, avec un enjeu fort d'impact visible et quantifiable sur les citoyens, quand les labos issus de La Transfo sont inscrits au sein de l'administration, au service de la transformation de celle-ci comme des politiques publiques.

Very very big data

« ***In God we trust, everyone else bring data*** », **M. Bloomberg**

Deuxième sujet d'étonnement pour les innovateurs français : la culture des *data*. Omniprésentes, de natures variées, elles sont une matière première incontournable du travail des équipes i-teams. Le *data scientist* est une figure récurrente de l'équipe d'innovation ; son rôle est plus celui d'un animateur que d'un technicien : identifier les données existantes, aider les services à collecter des données mieux utilisables, développer une culture des *data* et de l'évaluation au sein de l'administration, etc. Elles permettent de découvrir des opportunités d'innovation cachées, de piloter l'évolution du travail de l'équipe d'innovation, de mesurer l'atteinte des objectifs, l'impact des projets, etc., et de nourrir un storytelling bien orchestré. On peut cependant souligner les limites de cette approche *evidence-based*, moins adaptée pour capter et suivre les impacts à long terme, les liens de causalités fines, les externalités, etc. Cet usage des données, systématique, scientifique, est cependant assez fascinant pour nos équipes qui dédient souvent moins de temps à la phase de recherche comme à la mesure d'impact.

Los Angeles dispose d'un système d'autoroutes complexe, étendu, et très utilisé.

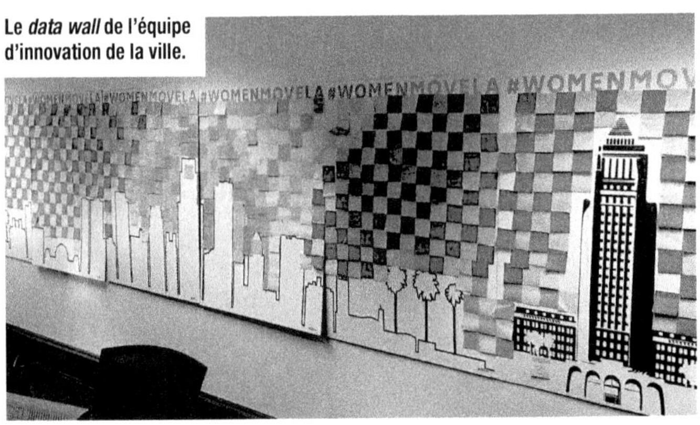

Le *data wall* de l'équipe d'innovation de la ville.

© Yoan Ollivier

Le deuxième chantier de l'équipe d'innovation, la transformation du processus de recrutement des agents du département de police de Los Angeles (LAPD), est représentatif de cette approche par les *data*. Là encore, la commande est large : il s'agit de diversifier les profils des agents (origine ethnique, genre, etc.) de ce corps dont 40 % des effectifs seront à renouveler d'ici 10 ans, et dont la réputation a longtemps été d'être parmi les polices les plus violentes des États-Unis dans un contexte de gangs très présents. L'usage des données permet de comprendre quel candidat abandonne le processus de recrutement à quelle étape, quel type de message a le meilleur impact sur un public donné, etc. L'équipe a initié différentes réponses à l'enjeu de départ : une campagne de communication sur les réseaux sociaux pour changer l'image des policiers ; un programme type « alternance » à destination de jeunes, comme premier pas vers les métiers du LAPD ; l'amélioration du processus de recrutement par les sciences comportementales ; etc.

Face à notre rapport relativement « protégé » aux données, l'approche américaine paraît décomplexée, voire sans limites. La collecte et le croisement de données sensibles (origine ethnique, statut légal, etc.) permettent un profilage fin au service d'un objectif social, impossible en France où la législation, plus attentive aux dérives possibles, interdit ces pratiques. Vyki Englert et Marie-Aimée Brajeux, codeuses et chercheuses actives au sein de Hack for LA/Code for America nous apportent un regard militant et critique sur le sujet. Elles nous pointent le travail emblématique réalisé par la Commission des élections fédérales et 18F, l'agence d'innovation numérique au sein du gouvernement fédéral, pour rendre les données de financement des campagnes des candidats aux élections américaines accessibles facilement. Elles nous partagent aussi les controverses autour des décisions de justice assistées par ordinateur et des biais ethniques qu'elles reproduisent, ou celle sur la collecte et du partage des données sensibles : dans un moment où la politique de l'état fédéral sur l'immigration évolue fortement, que faire des données collectées par les villes, qui pourraient permettre l'éviction de populations vulnérables ? Quelles sont les responsabilités des gouvernements locaux et des agents publics dans ce contexte ?

La terre du storytelling public ?

Tout au long du voyage, nous aurons aussi été fascinés par la capacité américaine à construire d'excellents storytellings, à l'exemple de Detroit qui a engagé il y a plus d'un an un *chieff storyteller officer*. Les gouvernements locaux ont recourt aux récits de leurs citoyens pour mieux incarner leur action : ce sont les jeunes gens engagés dans le programme « *Pledge to patrol* » du LAPD qui nous ont présenté celui-ci, nous permettant de toucher, au travers de leurs histoires personnelles, l'ampleur du défi qui consiste pour la police à recruter des agents

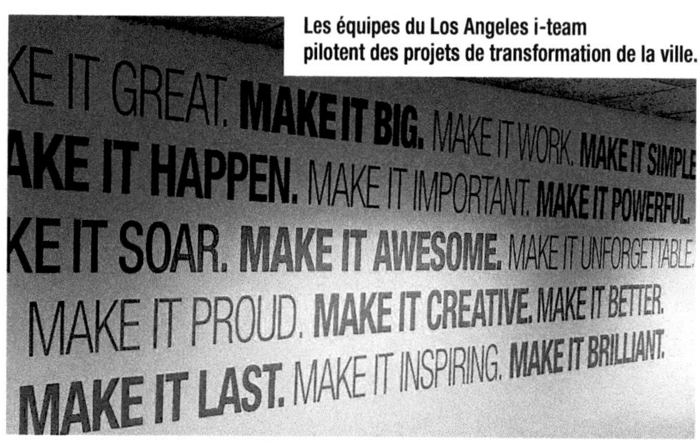

Les équipes du Los Angeles i-team pilotent des projets de transformation de la ville.

au cœur même des quartiers les plus touchés par les gangs. C'est un changement de posture, de moyens, comme d'esthétique pour la communication des administrations ; c'est une nécessaire appropriation de la diversification des modes de narration, réseaux sociaux, vidéos, etc. ; c'est aussi, en particulier à l'heure du gouvernement Trump, de mouvements populistes forts, de remises en cause récurrentes de la pertinence de l'action publique, une preuve de la nécessité de produire de nouveaux récits pour l'action publique et de s'engager, derrière le combat politique, dans une bataille des imaginaires. Plutôt inspirant pour les villes et collectivités françaises !

Quand Innovation Teams (fondation Bloomberg) et La Transfo (La 27e Région) nouent un partenariat pour s'ouvrir de nouveaux horizons sur l'innovation publique

Lancé en 2012, « *Innovation Teams* » est un programme de la fondation Bloomberg ; il vise à doter les maires et leurs équipes de nouveaux moyens pour s'attaquer aux grands défis urbains et améliorer la vie des citoyens. Chaque ville sélectionnée recrute une équipe d'innovation qui pendant 3 ans s'attaque à quelques sujets clés de la mandature, imagine et teste des solutions nouvelles, produit des solutions nouvelles et cherche un impact visible sur la vie des habitants. I-teams embarque aujourd'hui 25 villes aux États-Unis, au Canada et en Israël.

Initiée en 2011, La Transfo est un programme expérimental porté par La 27e Région ; il accompagne des villes, métropoles et régions françaises dans la préfiguration de leur fonction innovation. À cette fin, une équipe pluridisciplinaire est embarquée au sein de chaque collectivité pour 14 à 18 mois, travaillant main dans la main avec un groupe d'agents. Ensemble, ils expérimentent de nouvelles méthodes de conception des politiques publiques sur des cas pratiques réels de la collectivité. Il s'agit de prototyper le futur labo, mais aussi d'engager une transformation culturelle de l'administration. Le programme est en cours ou récemment achevé dans 7 collectivités.

En 2016, les programmes i-teams et La Transfo ont noué un partenariat pour croiser leurs approches, leurs méthodes, leurs sujets de travail. Dans ce cadre, en juillet 2018, une quinzaine de représentants de La Transfo, ainsi que des représentants des équipes i-teams de Long Beach et Austin, embarquent à la rencontre de l'équipe d'innovation de la mairie de Los Angeles.

Le programme de cette visite d'étude organisée dans le cadre du partenariat permettra de découvrir leur travail, mais également de rencontrer d'autres acteurs de l'écosystème d'innovation de cette ville fascinante, en particulier *Code for America*, une organisation créée pour aider les gouvernements locaux et leurs administrations à mieux intégrer les innovations issues de la technologie et du design et travailler de façon plus efficace pour et avec les citoyens.

Grand entretien

BERNARD STIEGLER

« Nous vivons la troisième révolution urbaine

Bernard Stiegler est philosophe, directeur de l'Institut de recherche et d'innovation au centre Georges-Pompidou, fondateur et président du groupe de réflexion philosophique Ars Industrialis. Il conduit depuis de nombreuses années une réflexion originale sur le lien entre technologies, en particulier la technologie numérique, et les mutations politiques, économiques, sociales, psychologiques. Son dernier ouvrage, *Qu'appelle-t-on panser ? Au-delà de l'entropocène*[1], paru en novembre dernier, analyse les désordres de notre monde et sa trajectoire insoutenable. Pour y faire face, l'auteur souligne l'urgence d'inventer des alternatives au modèle dominant de développement. Le projet d'économie contributive qu'il mène à Plaine commune (Seine-Saint-Denis) constitue une de ces alternatives possibles. Elle met la question urbaine au centre de ses travaux. Entretien réalisé le 7 novembre 2018, à Lille, à l'occasion des 39e rencontres de la Fédération nationale des agences d'urbanisme (FNAU).

Propos recueillis par **Stéphane Cordobes,** conseiller recherche et prospective au Commissariat général à l'égalité des territoires

Vous avez dans votre œuvre philosophique longuement interrogé la manière dont les évolutions technologiques transformaient le monde. Ces transformations ont leur pendant spatial et conduisent à ce que certains géographes nomment « l'urbanisation du monde ». Vous-même parlez de « troisième révolution urbaine ». Pourriez-vous expliquer ce que vous entendez par cette hypothèse ?

Nous vivons effectivement une nouvelle révolution urbaine. Elle sera la troisième si l'on s'accorde pour convenir que la première a été entamée avec le Néolithique et conduit jusqu'au XVIIIe siècle ; que la deuxième a démarré au XIXe siècle avec la révolution industrielle, en reconfigurant profondément la morphogenèse urbaine et les relations entre villes comme territoires de production et de consommation, en facilitant la division industrielle de travail par la spécialisation territoriale, en donnant naissance au XXe siècle à l'urbanisme au sens où l'entendait Henri Lefèbvre et à ce qui deviendra l'aménagement du territoire, en débouchant enfin sur la globalisation telle que l'a décrite Saskia Sassen avec l'apparition de nouvelles formes de souveraineté liées à des fonctions du marché planétaire. La troisième révolution

BIO EXPRESS

1981 : docteur en philosophie (EHESS).

1988-2001 : professeur de philosophie à l'université de Compiègne.

2002-2006 : directeur de l'Institut de recherche et coordination acoustique/musique (IRCAM).

2005 : création du groupe de réflexion philosophique Ars industrialis.

2006 : création de l'Institut de recherche et d'innovation au centre Georges-Pompidou.

2015 : publication de *L'emploi est mort, vive le travail !*[2] et de *La Société automatique*[3].

2016 : publication de *Dans la disruption : Comment ne pas devenir fou ?*[4]

1. Stiegler B., *Qu'appelle-t-on panser ? Au-delà de l'entropocène*, 2018, Éd. Les liens qui libèrent.

2. Stiegler B. (entretien avec Kyrou A.), *L'emploi est mort, vive le travail !*, 2015, Fayard/Mille et une nuit, Poche.

3. Stiegler B., *La Société automatique. L'avenir du travail*, 2015, Fayard, Sciences humaines.

4. Stiegler B., *Dans la disruption : Comment ne pas devenir fou ?*, 2016, Éd. Les liens qui libèrent.

urbaine est la concrétisation, dans l'espace quotidien, partagé et public, de ce que l'on appelle l'« *ubiquitus computing* » ou en français l'« informatique ubiquitaire ». C'est l'internet des objets, la domotique et l'automobile intelligente. Cette communication des objets entre eux concerne maintenant le monde urbain dans son ensemble, du mobilier jusqu'aux parpaings. Elle est rendue possible par des technologies logicielles installées en amont qui permettent de tout gérer et qui remettent en cause tous les modèles classiques des urbanistes, des architectes, des directions générales de services techniques, des gestionnaires de ville, des élus. Singapour illustre parfaitement ce nouveau modèle urbain et sa gestion à distance par la technologie qui rend concevable la disparition prochaine d'un ensemble de fonctions de base et de services publics urbains assurés par les humains. Cette conjecture est non seulement concevable, mais probable parce que les acteurs qui tentent de prendre le contrôle de ce marché y ont des intérêts économiques considérables.

Cette troisième révolution que vous décrivez relève d'une transformation radicale de la ville, de la manière de la concevoir, de la construire, de la gérer. C'est aussi une reconfiguration de ses acteurs, avec non seulement de nouveaux entrants, mais aussi et surtout une remise en cause complète des pouvoirs, des savoirs, des pratiques de ceux en place depuis deux siècles.

C'est effectivement un très grand chantier. En matière de révolution numérique, il y avait deux grands chantiers bien identifiés depuis une vingtaine d'années. L'éducation d'un côté, la santé de l'autre étaient toutes deux considérées comme d'énormes marchés d'avenir. L'urbain constitue maintenant le troisième : les disrupteurs arrivent, ils travaillent avec des acteurs qui ont eux-mêmes l'habitude de spéculer sur le foncier et ne doutent pas de l'extrême rentabilité de ce nouveau business. Certains observateurs, particulièrement en France, critiquent ce grand chantier de la *smart city* et estiment que l'on peut tout simplement le rejeter. Ainsi des architectes que je rencontre me disent qu'ils ne travailleront jamais avec le BIM[5]. Ils se trompent. Aucun architecte n'aura demain le choix, tous seront obligés d'utiliser soit le BIM, soit des systèmes virtuels alternatifs de modélisation exploitant les potentiels de l'internet des objets. Il ne s'agit pas d'être pour ou contre. C'est comme la pluie, il faut faire avec et apprendre à vivre avec, s'en protéger et s'en servir en le détournant des intérêts et de la logique qui la génèrent. Il faut bien comprendre que cette révolution qui s'annonce est considérable, c'est l'invention d'une nouvelle écriture urbaine. Cette idée de la ville comme machine à écrire n'est pas neuve. Jean-Pierre Vernant et Marcel Détienne lorsqu'ils travaillaient sur les savoirs et l'écriture en Grèce ancienne soutenaient déjà que la ville est d'abord une surface d'écriture qu'il est indispensable pour les citoyens de savoir décrypter. Pour être citoyen à Athènes, il fallait savoir lire parce que participer aux *ostraca*, prendre des décisions, dépendait de la capacité à écrire le nom de ses représentants. Il en sera de même pour nous demain. La ville est en train de se doter d'une nouvelle écriture, une écriture électronique qui se propage aux deux-tiers à la vitesse de la lumière, qui est gérée par des plateformes formant une exosphère de satellites situés entre quelques

5. *Building information modeling* ou modélisation des données du bâtiment.

> La troisième révolution urbaine est la concrétisation dans l'espace quotidien, partagé et public de ce que l'on appelle l'« *ubiquitus computing* » ou en français l'« informatique ubiquitaire ». C'est l'internet des objets, la domotique et l'automobile intelligente.

centaines et quelques milliers de kilomètres d'altitude, une écriture et ses infrastructures qui instituent un langage et une conurbation d'échelle planétaire. S'ils ne comprennent pas cette nouvelle écriture et ses algorithmes, les élus n'auront plus la capacité de prendre de décisions, les fonctionnaires ne géreront plus et les habitants, qui pâtiront de cette situation l'accepteront de moins en moins, consacrant un peu plus le rejet du politique auquel on assiste déjà. Pour éviter cela, il faut se réarmer au sens où l'on réarme un bateau. Notre bateau était armé, on enlève les équipements, on en installe de nouveaux, plus adaptés aux nouvelles conditions de navigation et on repart. Ce réarmement c'est d'abord un réarmement conceptuel.

Vous décrivez un changement de paradigme. Analyser après-coup, comme l'a fait Michel Foucault, par exemple, ces mutations civilisationnelles et culturelles s'avère déjà difficile. Vous proposez de les anticiper et d'inventer les idées, les concepts qui vont nous outiller pour assurer notre autonomie dans le monde qui surgira de la troisième révolution urbaine. Comment faire ?

Il faut commencer par revenir aux sources, en particulier réinterroger le rapport entre la technique et le vivant. Italo Calvino qui était un grand penseur des villes, mais aussi un artiste et un poète, disait que la « machine urbaine » relevait à la fois du vivant et de l'artificiel, du naturel et du technologique. Il faut repenser cette machine urbaine par ce prisme. Je cherche en ce qui me concerne à comprendre pourquoi l'homme vit en ville, pourquoi l'homme vit dans cette machine urbaine. L'hypothèse que je soutiens est que l'homme est exosomatique et que la ville est un de ses organes exosomatiques, partagé par un grand nombre d'individus qu'il faut cogérer. Il y a des dominants, des dominés, des luttes de classes comme on le dira avec Marx, des conflits d'intérêts, des migrants, des portes de contrôle, des infrastructures, etc. La ville est un complexe humain et technologique qu'il faut saisir avec une vision scientifique intégrée. L'*ubiquitus computing*, les *smart cities*, toutes les technologies dont nous parlions précédemment viennent considérablement complexifier, intégrer, globaliser tout cela, en le faisant changer de nature. C'est une nouvelle écriture urbaine qui s'invente et qu'il faut apprendre à maîtriser. Mais cette ville nouvelle informatisée, automatisée, relève comme toutes les technologies de ce que les Grecs appelaient les *pharmaka*, des poisons autant que des remèdes. Les mêmes considéraient déjà il y a vingt-cinq siècles que l'écriture était un *pharmakon* : c'est un remède parce que sans elle on ne peut pas avoir de mémoire de la géométrie, de l'histoire, du droit. Autrement dit pas de ville sans écriture. Mais c'est aussi un poison. C'est même à partir de la critique de ce *pharmakon* et de l'utilisation qu'en faisaient les sophistes pour manipuler les citoyens que Socrate fonda la philosophie. Il faut aujourd'hui refaire de la philosophie pour élaborer des politiques qui permettront de lutter contre la toxicité de la nouvelle écriture urbaine numérique. Un nouveau système se met en place avec le BIM et ses équivalents, avec les transports autonomes, le GPS et toutes ces techniques, dont la philosophie doit se saisir, pour nous réarmer conceptuellement.

Vous soulignez bien l'ambiguïté dont est porteur tout changement et qui n'épargne pas la troisième révolution urbaine. Les partisans de la ville intelligente soulignent avec force ce que celle-ci apporte – ou apportera – pour optimiser la gestion de la ville du XXIe siècle. Ils négligent en général les vulnérabilités qu'elle fait apparaître. On le comprend puisque leur argumentation, comme vous le soulignez en parlant de marché, relève moins de la science que du marketing. Ne peut-on s'intéresser à ces faiblesses pour justement entrer en résistance et se réapproprier ces nouveaux instruments au bénéfice d'intérêts plus communs ?

J'ai pointé deux problèmes qui apparaissent dans la troisième révolution urbaine : le premier relève de l'insoutenabilité du modèle, aux plans climatologique et environnemental évidemment, mais aussi quasiment à tous égards. Cette troisième révolution provoque une augmentation de la toxicité urbaine à des niveaux insupportables par la planète. Paradoxalement si c'est la ville qui produit le plus de CO_2, de toxicité, c'est à travers la ville que l'on pourra lutter contre ces conséquences du développement de l'ère que j'appelle maintenant l'entropocène. Qu'est-ce que cela veut dire lutter contre l'entropocène ? Cela veut dire diminuer l'entropie que ce modèle de développement génère. Et cela veut dire rendre à la ville sa capacité de produire de la néguentropie ou entropie négative. Mais un autre problème plus simple à appréhender se pose avec cette troisième révolution urbaine. C'est l'insolvabilité de son modèle. Les *smart cities* constituent un marché colossal, mais il ne sera pas rentable, parce qu'il ne sera pas viable à terme : il générera encore plus d'entropie. Malheureusement, notre système de comptabilité actuel et de calcul de la valeur nous enferme dans cette impasse.

> « Il faut bien comprendre que cette révolution qui s'annonce est considérable, c'est l'invention d'une nouvelle écriture urbaine.

Les grandes entreprises elles-mêmes le savent. Je travaille sur cette question avec la Fondation de France, la Caisse des dépôts, la Société Générale, Dassault système, Vinci, Orange, le Crédit du Nord, la fondation Afnic et Emmanuel Faber, dirigeant de Danone. Pourquoi ? Pour réfléchir à la manière de changer les comptabilités nationales et internationales. Dans le système actuel, quand une banque prête de l'argent à quelqu'un, cela conduit à produire de l'entropie, parce que le calcul de risque auquel elle procède repose sur une logique propre à la révolution industrielle et urbaine qui produit de l'entropie. Dans ce système, la création de valeur, dans le pétrole et de nombreux autres domaines qui rapportent gros, passe par la production d'entropie. Les économies d'échelle, emblématiques de ce système, produisent elles-mêmes de l'entropie. Le problème, c'est que cette forme de création de richesse détruit la vie des gens et de la planète. On détruit toujours pour construire autre chose. Je ne suis pas un passéiste qui affirme qu'il ne faut pas du tout détruire. J'affirme simplement que ce que l'on détruit maintenant doit nous permettre de reconstruire un monde viable. C'est un nouveau système qu'il faut construire qui sera à la fois solvable et soutenable. Les Indiens, les Chinois investissent déjà beaucoup pour y parvenir. Il serait bien que les Européens, donc les Français, y jouent un rôle. N'oublions pas que le web est une invention européenne, et que c'est le web qui est à l'origine de tout cela. Pour changer le système, il faut donc se réapproprier le web avec une vision qui désigne selon moi la prochaine étape et qui consiste à réintégrer la localité.

Cette question du lieu et de sa réactivation dans notre grammaire spatiale est portée par certains géographes comme Michel Lussault. Il s'agit pour lui aussi d'inventer des concepts qui permettent de comprendre et d'agir dans le monde urbain anthropocène. Comment, de votre côté, en êtes-vous arrivé à réintégrer la localité pour penser et relever les enjeux de la troisième révolution, et donc à introduire du spatial dans une approche avant tout philosophique ?

C'est en lisant l'essai de Pierre Veltz, *Des territoires pour apprendre et innover*[6], que ma réflexion s'est portée sur cette question de la localité – que je considérais depuis le début de mon travail du point de vue de la néguentropie, mais sans l'aborder dans sa dimension urbaine. Pierre Veltz analyse le cas néerlandais de petites communautés capables de vivre très bien grâce à de circuits locaux d'apprentissage et d'innovation leur permettant de se déployer très loin de leur territoire. C'est dans ce type de lieux qui articulent mémoire, savoirs, production et liens que peut être générée la néguentropie. Quand je parle de savoir, je ne désigne pas seulement celui de l'Université ou de clercs, cela peut être du savoir-vivre tout élémentaire qui permet de subsister dans un milieu donné. Les Indiens d'Amazonie peuvent vivre dans leur territoire, grâce à ce type de savoir, contrairement à nous qui ne pourrions pas, avec nos savoirs académiques. Nous devons maintenant inventer ces savoirs qui vont nous permettre de subsister dans cette troisième révolution urbaine, avec ses données et algorithmes, avec son BIM, ses parpaings pucés et de la RFID partout. Pour y parvenir, il faut réinventer des lieux qui nous permettront d'expérimenter et de développer ce que j'appelle l'économie contributive.

---

6. Veltz P., *Des territoires pour apprendre et innover*, 1998, Éd. De l'Aube, Monde en cours.

C'est ce que nous entreprenons à Plaine commune sous l'autorité de Patrick Braouezec. Notre ambition avec les élus et acteurs mobilisés, est de faire de ce territoire très défavorisé de 430 000 habitants un laboratoire fonctionnellement situé en avance sur le reste du monde. On mobilise de grands acteurs économiques dans un agencement intelligent avec des responsables politiques et publics qui ont pris conscience que la situation sans changement de modèle macro-économique en vue de lutter contre l'entropie n'était pas viable. Dans cette expérimentation on réfléchit par exemple depuis un an et demi à la manière de produire de nouveaux savoirs avec les technologies digitales dans le secteur de la construction, non en développant de grands laboratoires avec des partenaires privés, mais en innovant socialement et en inventant avec les habitants de nouvelles activités économiques qui produisent de la valeur d'un nouveau genre et les rendent solvables. Cette économie contributive est au départ inspirée par le logiciel libre. Ce dernier, contrairement au logiciel propriétaire, est basé sur le partage du savoir. Il repose sur une augmentation du savoir pour le développeur, le producteur et les utilisateurs. Nos utilisateurs ce sont, par exemple, les mômes de La Courneuve. Ces mômes, ils ont parfois l'impression de ne pas avoir d'avenir et peuvent mal tourner, mais ils sont aussi très débrouillards. Ils ne demandent qu'à s'engager dans des projets si on leur en propose. Nous essayons en ce moment de développer avec eux un modèle où l'on utilise Minecraft pour intégrer de nouvelles technologies de construction. Cela entraîne en même temps les parents, les enseignants. On crée ainsi collectivement du savoir, on construit un collectif, on produit de la valeur, on fabrique de la néguentropie en utilisant et en détournant au profit des habitants de Plaine commune les technologies de la troisième révolution urbaine. Voilà un exemple de cycle que l'on met en place dans ce territoire. Il faut maintenant multiplier ces cycles partout et mener des expérimentations en dehors de la Seine-Saint-Denis pour favoriser l'essor de cette économie contributive et répondre aux défis de soutenabilité posés par cette troisième révolution urbaine.

■

Dossier

TRANSFORMATION PUBLIQUE : UN MARCHÉ COMME UN AUTRE ?

Les grands cabinets de conseil accompagnent le mouvement de la réforme de l'État et sa modernisation depuis le début des années quatre-vingt. Après la révision générale des politiques publiques (RGPP), la modernisation de l'action publique (MAP), l'heure est à la transformation publique, avec le programme « Action publique 2022 » lancé en octobre 2017 par le Gouvernement.

Nouvelle organisation pour la transformation numérique de l'État, renouvellement des marchés publics, impact de la révolution numérique et citoyenne sur l'action publique, émergence d'une nouvelle génération d'entrepreneurs Govtech (start-up, associations, fonds d'investissement), diversification et multiplication des consultants aux profils très variés, etc. Le marché de l'innovation publique est en pleine ébullition.

Parce qu'il porte sur la fabrique des politiques publiques et sur des services d'intérêt général, ce n'est pourtant pas un marché comme les autres, car il touche aux enjeux de démocratie, de citoyenneté et de vivre-ensemble. Quel rôle jouent les principaux cabinets de conseil sur les marchés de la transformation publique ? Y-a-t-il de nouvelles formes d'expertise privée qui émergent pour accompagner l'État et les collectivités locales dans leur transformation ? En bref : l'innovation publique peut-elle être externalisée, et dans quelles limites ?

Sur le terrain

Mises en perspective

Réactions

Innovation publique : de la « consultocratie » à la transformation plus agile ?

Après le règne des consultants de grands cabinets pour accompagner l'État dans ses réformes et sa modernisation, l'innovation publique semble engagée dans une nouvelle séquence, sur fond de révolution numérique. Nouvelle impulsion du gouvernement avec Action publique 2022, marchés publics renouvelés et plus ouverts en 2018, émergence d'entrepreneurs Govtech désireux de s'emparer des technologies pour gouverner autrement, recrutement d'anciens consultants dans les services de l'État pour piloter les projets de transformation publique ou encore apparition d'acteurs du conseil plus soucieux des valeurs du service public etc., le marché de l'innovation publique est en pleine ébullition. Décryptage du jeu des acteurs et des recompositions en cours.

Par **Julien Nessi**, rédacteur en chef

Les exemples ne manquent pas pour illustrer la place occupée par les consultants dans la fabrique de l'innovation publique. La Direction interministérielle de la transformation publique (DITP) a pu mener à bien en 2018 son opération « Carte blanche » pour réinventer les services publics dans le bassin de vie de Cahors grâce à l'appui des équipes intégrées DITP/consultants d'Eurogroup Consulting et la Javaness. Une opération dupliquée à Argenteuil. La même direction a publié en novembre 2018 un rapport prospectif sur l'impact de la transformation numérique sur les métiers publics, avec l'aide de ministères, de France Stratégie et de la DINSIC à partir de l'analyse du tandem Roland Berger-Wavestone, qui s'associe chaque année, avec BearingPoint, pour remettre le prix du manager public. Les autres ministères ont régulièrement recours à des consultants, comme, par exemple, Capgemini Invent qui participe à la création d'une direction du numérique et de l'innovation pour le compte du ministère de l'Intérieur, etc.

Longtemps domaine réservé des « *Big four* » de l'audit (Deloitte, EY, KPMG, PwC), la réforme de l'État est progressivement devenue le terrain de chasse des grands cabinets de conseil généralistes et polyvalents au niveau mondial (Accenture, Capgemini Invent, Wavestone, Mazars, etc.) et des cabinets de conseil en stratégie (Roland Berger, McKinsey, Boston Consulting Group, etc.), sans compter les nombreux autres acteurs (EuroGroup Consulting, etc.). Le marché de la transformation publique est moins rémunérateur pour ces grands acteurs du conseil que dans le secteur privé. Cependant, il connaît une croissance soutenue au niveau mondial de l'ordre de 3 à 4 %, selon les évaluations du marché du conseil dans le monde[1]. Aux côtés de ces généralistes du conseil, appréciés pour leur expertise, la diversité des équipes, le regard international et la capacité à sécuriser les démarches innovantes, est apparue une autre famille d'acteurs, davantage à taille humaine et avec une autre vision du conseil, moins mercantile, plus militante et

1. Les évaluations du marché du conseil dans le monde donnent les ordres de grandeur suivants :
- environ 200 milliards de dollars à l'horizon 2021/2022, dont 50 % ÉUA/Canada, 25 % Europe et 25 % reste du monde ;
- les 2/3 sur le secteur public et 1/3 sur le secteur santé (y compris les opérateurs privés de santé, dans beaucoup de pays) ;
- une croissance annuelle de 3 à 4 % prévue sur les prochaines années, plus forte sur les pays émergents/Asie, moins forte en Europe/ ÉUA, plus forte sur le conseil en stratégie et organisation, moins forte sur l'*outsourcing* et les systèmes informatiques ;
- 10 % du marché est du conseil en stratégie, 20 % du conseil en organisation, 20 % la mise en œuvre de projets informatiques, 40 % la maintenance ou l'*outsourcing* de fonctions informatiques, 10 % l'externalisation de fonctions métiers.

attachée aux valeurs du service public, crées par d'anciens fonctionnaires ou DGS en collectivités (Territoires citoyens fondés par Denis Valance, ancien DGS de Meurthe-et-Moselle) ou d'anciens consultants associés à des designers (cabinet de conseil Oyena, agence de design *Vraiment Vraiment*, etc.). Ces nouveaux acteurs, même s'ils ont exactement les mêmes contraintes économiques que les grands acteurs, tentent d'expérimenter de nouvelles voies (cycles de prospective, ateliers créatifs, etc.).

Le paysage a aussi été secoué par la déferlante numérique avec de nouveaux entrants (start-up, agences, entrepreneurs) dotés de nouvelles compétences (design de services, analyse des données (data), transformation numérique, prototypage, consultation citoyenne, etc.). Le jeu de ces différents acteurs se fait aujourd'hui dans un contexte de redistribution des positions, avec des marchés renouvelés et redimensionnés et l'émergence de nouvelles formes d'expertise privée, le sommet des Govtech, qui s'est tenu à Paris le 12 novembre dernier illustrant l'irruption des entrepreneurs sur ce marché de l'innovation publique (start-up, fonds d'investissement et acteurs privés).

L'émergence d'une « consultocratie » à la tête de l'État

« À partir des années quatre-vingt, l'État s'ouvre à l'expertise extérieure, de nature privée, produite en partie par de nouveaux acteurs tels que les cabinets de conseil, les *think tanks* ou les associations de citoyens », écrit France Stratégie dans le cadre de l'un de ses séminaires organisés en 2018 sur le théme « Paroles d'experts : pourquoi faire ? », et qui a débouché fin décembre sur la publication du rapport *Expertise et démocratie. Faire avec la défiance.* En effet, l'irruption des cabinets de conseil pour

La Direction interministérielle de la transformation publique (DITP) a pu mener à bien en 2018 son opération « Carte blanche » pour réinventer les services publics dans le bassin de vie de Cahors grâce à l'appui des équipes intégrées DITP/consultants d'Eurogroup Consulting et la Javaness.

accompagner la sphère publique remonte au début des années quatre-vingt-quatre-vingt-dix au moment où se répand la doctrine du *New Public Management*, la nouvelle gestion publique et sa culture du résultat. Deux types d'acteurs accompagnent ce mouvement : les *Big four* historiques de l'audit à la fois polyvalents et dotés d'une réputation internationale solide, et les cabinets de conseil en stratégie. Dans le tournant des années 2000, la réforme de l'État passe en mode industriel. Selon le chercheur Frédéric Pierru, « le lancement en 2007 de la RGPP consacre la position que les consultants ont acquis au cœur de la réforme de l'État [...]. Les cabinets de conseil deviennent des acteurs de plus en plus centraux dans la fabrique et la mise en œuvre des politiques publiques. » La MAP (2012-2017), qui succède à la RGPP, confirme cette tendance, le fonctionnement de l'État et ses dépenses étant examinés par les grands cabinets de consultants (Accenture, Capgemini Invent, EY, McKinsey, Boston Consulting Group). Au point que certains chercheurs[2] parlent de « consultocratie » pour montrer l'emprise des experts privés des cabinets de conseil sur le pilotage des politiques publiques et la modernisation de l'action publique. Peut-on encore parler de « consultocratie » aujourd'hui ? Comment a évolué le conseil dans l'innovation publique ?

Vers une transformation publique plus agile ?

Avec l'arrivée au pouvoir d'Emmanuel Macron, en mai 2017, qui a fait de la réforme de l'État l'un des axes de son programme et adulé par le milieu des entrepreneurs et des start-up, une nouvelle impulsion est donnée à ce vaste chantier. Désormais, il faut parler de « transformation publique » à la place de « modernisation de l'action publique », et de nouveaux acteurs issus de l'entreprenariat « Govtech » émergent. Une nouvelle organisation pour la transformation publique et numérique de l'État se met en place en novembre 2017. Le Secrétariat général pour la modernisation de l'action publique (SGMAP) laisse place à la Direction interministérielle de la transformation publique (DITP) et à la Direction interministérielle du numérique et du système d'information et de communication de l'État (DINSIC). Un Comité interministériel de la transformation publique, placé sous la présidence du Premier ministre, est créé, et Thomas Cazenave, co-auteur avec l'économiste Yann Algan de *L'État en mode start-up. Le nouvel âge de l'action publique* (avr. 2016, Eyrolles), qui défend une action publique réinventée, plus agile et collaborative, « augmentée » par l'innovation technologique et sociale, est nommé délégué interministériel à la transformation publique. Pour la plupart des observateurs et acteurs de l'innovation publique, l'année 2018 peut être considérée comme une année charnière, avec le renouvellement des marchés de la DITP et l'organisation d'un premier sommet international sur les Govtech à Paris.

2. Saint-Martin D., « Les consultants et la réforme managérialiste de l'État en France et en Grande-Bretagne : vers l'émergence d'une "consultocratie" ? », *Canadian Journal of Political Science* 1999, 32(1), p. 41-74 ; Gervais J., « Les sommets très privés de l'État : le "Club des acteurs de la modernisation" et l'hybridation des élites », *Actes de la recherche en sciences sociales* 2012, 194(4), p. 4-21 ; Belorgey N. et Pierru F., « Une consultocratie hospitalière ? Les consultants, courtiers de la réforme du système de santé », *Les Tribunes de la santé* 2017, n° 55, p. 45 à 57.

Le service « Accélération des transformations », un cabinet de conseil interministériel

Pour réformer en profondeur l'action publique, la DITP a passé en 2018 deux marchés : un premier d'envergure interministériel, dénommé « Assistance à la conception et à la mise en œuvre opérationnelle de projets de transformation de l'action publique », avec 3 lots importants, attribués en juin 2018 : « stratégie et politiques publiques », « conception et mise en œuvre des transformations » et « performance et réingénierie des processus » ; le montant global annuel est estimé entre 15 et 25 millions d'euros par an. Un deuxième, plus spécifiquement sur les outils de l'innovation publique[3], comprenant 5 lots[4], progressivement attribués d'ici au premier trimestre 2019 pour un montant estimatif de 2,6 millions d'euros par an. Objectifs : positionner la DITP comme un conseil interne à l'État capable de concevoir et co-piloter les réformes en accompagnant les acteurs publics (ministères, opérateurs) dans leur projet de transformation et d'innovation. « Nous avons aujourd'hui une pratique unique au sein de l'État : nous fonctionnons comme une cellule de conseil interne pour concevoir et piloter les réformes, deux-tiers de nos effectifs sont d'anciens consultants qui connaissent bien les outils et les méthodes du conseil », explique François Gobillard, directeur de projet à la DITP et ancien *senior manager* chez Roland Berger. C'est le service auquel il appartient, « Accélération des transformations », composé d'une dizaine de directeurs de projet et d'une douzaine de chefs de projet, qui appuie les ministères dans la mise en œuvre de leurs projets complexes de transformation. Cette tendance à internaliser les compétences de l'innovation, on la retrouve également au sein de la mairie de Paris. Emmanuel Grégoire, premier adjoint à la mairie de Paris, et en charge notamment de l'innovation publique, vient d'inaugurer un laboratoire d'innovation interne, le « Paris Lab », afin d'internaliser les compétences. « À la ville, outre le recours à des cabinets de conseil très régulièrement, nous avons aussi créé un laboratoire d'innovation interne "ParisLab" – une équipe de 6 personnes, qui montera à 15 personnes –, qui joue le rôle d'un mini-cabinet de conseil interne. C'est une manière d'internaliser le conseil pour créer un lien entre l'apport extérieur et la mise en œuvre en interne », explique-t-il.

Pour Benoit Landau, chef de projet innovation, responsable du programme « Futurs publics » et chargé d'animer la communauté des innovateurs publics, « le deuxième marché va chercher directement des expertises plus pointues et plus ciblées. Nous sommes sur des projets de taille petite ou moyenne. Cela permet de solliciter directement des acteurs différents des grands cabinets de conseil. Nous avons besoin d'expertises pointues, le lancement de ce marché se fait de manière graduelle entre fin 2018 et début 2019 ».

Des marchés qui font bouger les lignes

Selon les acteurs du conseil, ces deux marchés marquent une rupture, voire un tournant, dans la manière de travailler. L'État a souhaité favoriser le modèle du consortium large, chaque lot ayant plusieurs attributaires sous la forme d'un groupement de cabinets en stratégie et en management (voir l'illustration). « Nous pouvons recourir à des compétences bien identifiées en fonction de besoins spécifiques. Plus de quarante partenaires couvrent une large palette d'expertises en matière d'innovation publique. Cela va nous permettre de mener plus de 30 à 35 projets de transformation par an, en mode "équipe intégrée", associant une équipe de consultants et une équipe de la DITP », précise François Gobillard.

3. Démarches de co-conception, de design de services, de sciences comportementales, d'expérimentation et de formation à ces méthodes.

4. Lot 1 : « Organisation et animation d'ateliers et d'événements de co-conception » ; lot 2 : « Appui et mise en œuvre de projets mobilisant des méthodes de design de services (immersion et prototypage) ; lot 3 : « Formation et accompagnement de porteurs de projets dans leurs démarches d'innovation » ; lot 4 : « Accompagnement à l'expérimentation, évaluation et mesure de l'impact » et lot 5 : « Appui à la mise en œuvre des projets d'application des enseignements des sciences comportementales aux politiques ».

Pour Augustin Bordes, vice-président de Citizen Services, chez Capgemini Invent, « il y a eu un vrai virage avec le renouvellement des marchés, la DITP a aujourd'hui un rôle pionnier dans les démarches d'innovation. Elle s'appuie maintenant sur des compétences internes, des réseaux de modernisateurs dans l'administration, l'expertise de cabinets de conseil mais aussi de tous ceux qui apportent des démarches créatives (designers, sociologues, *data* analystes, etc.) ». Alain Chagnaud, associé de Roland Berger et en charge du secteur public, considère que depuis juin 2018, il y a une véritable accélération des projets tirés par le marché de la DITP, après un temps d'arrêt. « Ce marché a deux spécificités : une logique de hub de compétences, capable de mobiliser des équipes pluridisciplinaires (modélisation économique, *data science, design thinking*, exercice de prospective digitale), et un mode de travail en équipe mixte, consultants et directeurs/chefs de projet DITP fonctionnant comme un cabinet de conseil interne. »

Vers de nouvelles formes d'expertise privée avec les Govtech ?

Les grands du conseil ont souvent intégré les compétences en matière de transformation numérique à coup de rachat de sociétés (stratégie d'acquisition), en internalisant les compétences les plus recherchées (experts des données, designers, facilitateurs graphiques, etc.) ou par la mise en place d'un écosystème de start-up (incubation, partenariat, etc.). « Les grands cabinets de conseil ont changé leur manière de travailler, avec un focus sur l'innovation et les nouveaux modèles de l'action publique dans le contexte numérique. Le travail commun est fréquent avec des start-up plus agiles sur certaines expertises numériques, *data* ou de design », explique Bernard le Masson, directeur monde du *consulting secteur public* chez Accenture, partenaire du premier sommet mondial des Govtech organisé à Paris en novembre dernier, qui a rassemblé chefs d'État, entreprises et collectivités publiques et plus de 1 500 participants souhaitant gouverner autrement avec les technologies. Pour Alex Margot-Duclot, directeur de France de Public, un accélérateur et investisseur Govtech à l'origine de cet événement,

PUBLIC.IO

ce premier sommet a permis aux entrepreneurs désireux d'améliorer l'action publique (start-up, administrations, entreprises et associations) de se rencontrer et de découvrir les meilleures pratiques européennes en la matière. « L'objectif de cette journée est de rassembler l'écosystème européen des Govtech – ces acteurs qui inventent des solutions technologiques pour le secteur public. Les gouvernements européens réalisent l'avantage qu'ils peuvent tirer des Govtech, notamment en orientant les écosystèmes innovants existants (startups, accélérateurs, fonds, etc.) –qu'ils financent et soutiennent largement par ailleurs – vers la création d'outils pour la sphère publique. Il existe des investisseurs prêts à financer et accompagner ces nouveaux entrepreneurs des services publics. À terme, il s'agit de repenser la commande publique technologique et de faire émerger des services plus ciblés, plus intelligents et moins chers – tout en accompagnant l'essor d'un secteur européen et ses futurs champions », explique Alex Margot-Duclot. Selon une étude d'Accenture et Public publiée pendant le sommet, le marché de la Govtech est estimé à 22 milliards d'euros en Europe. C'est clairement une autre façon de faire de l'innovation publique, complémentaire de ce qui se pratique déjà.

Une autre façon de faire du conseil existe

« La transformation publique, c'est cheminer ensemble et non pas dupliquer des recettes toutes faites », explique Denis Vallance. Ancien DGS de Meurthe-et-Moselle, il a créé en 2015 sa société de conseil, Territoires citoyens, avec trois expertises : stratégies de territoire, politiques de solidarité, questions de citoyenneté et de gouvernance.

Avec seulement 3 consultants, il accompagne de nombreuses directions en collectivités locales dans des projets de transformation. Son diagnostic est différent et traduit une autre vision du conseil : « On parle beaucoup du passage à l'échelle : on essaie de transposer des objets finis, et non la démarche de transformation. La même méthode peut produire un objet différent. Il y a un empressement sur ce fameux passage à l'échelle : quelque chose a réussi quelque part, mais il faut comprendre pourquoi cela a bien fonctionné, quel est le jeu d'acteurs et quelle mise en articulation peut produire cette transformation. Si on passe à côté de cela, on fait du copier-coller, on risque de rater la transformation. Les petites structures ont cette valeur ajoutée. Les recettes toutes faîtes, duplicables

Premier sommet mondial des Govtech organisé à l'hôtel de ville de Paris, le 12 novembre 2018.

PUBLIC.IO

miracles ne marchent pas malheureusement ; il faut chercher les ingrédients de la réussite avec les gens, voir quels sont les acteurs, le contexte... l'idée de cheminer ensemble est primordial. » Ancienne consultante dans un grand cabinet, Marine Parent, qui a créé en 2018 sa société de conseil Oyena Consulting, défend aussi une autre façon de faire du conseil, plus éthique et davantage à hauteur d'homme. « Mon positionnement en tant que petit cabinet en accompagnement des transformations est d'offrir le même niveau de qualité que les grands cabinets mais de manière différente, en donnant plus d'importance à la proximité et en étant plus attentive à libérer la parole chez mes interlocuteurs. Il faut s'autoriser à sortir des sentiers battus et des démarches trop calquées d'une mission à l'autre. Or, les grands cabinets ont une culture du sérieux qui limite leur créativité. Créer une démarche efficace pour un client, c'est faire du sur-mesure : il faut s'autoriser un pas de côté et poursuivre un objectif de "ré-enchantement" de la démarche de consulting. Je trouve particulièrement efficace de mettre en œuvre des manières nouvelles d'associer et d'écouter les gens : par des ateliers de créativité (avec des designers, par exemple) pour nourrir la réflexion ; avec des ateliers ludiques en associant des artistes, des personnalités extérieures pour favoriser la mixité des points de vue », confie-t-elle.

Des questions restent aussi en suspens : quelle place faut-il donner à la recherche universitaire dans l'innovation publique ? Faut-il aussi repenser le modèle économique de l'expertise publique, en partageant mieux les savoirs, les données, avec des communs ? Faut-il laisser un peu de place pour de la connaissance plus coopérative ? L'éthique dans le conseil est aussi une préoccupation émergente face à l'accélération de l'innovation publique et aux recompositions en cours.

LES CABINETS RETENUS DANS LE CADRE DU MARCHE PUBLIC DE LA DITP :

Assistance à la conception et à la mise en œuvre operationnelle de projets de transformation de l'action publique

LOT 1 - « STRATÉGIE ET POLITIQUES PUBLIQUES »

ATTRIBUTAIRE N° 1
ROLAND BERGER / WAVESTONE

Sous-traitants
1 - ENA (chaire d'innovation publique)
2 - Haas
3 - Missions publiques
4 - x exed (école polytechnique)
5 - ODS (*open data soft*)
6 - Planète publique
7 - ENSCI (Les ateliers)
8 - Agorize
9 - Bluenove
10 - BVA Institut
11 - Balthazar

ATTRIBUTAIRE N° 2
Groupement BOSTON CONSULTING GROUP & CIE / ERNST & YOUNG ADVISORY

Pas de sous-traitants

ATTRIBUTAIRE N° 3
Groupement Mc KINSEY/ ACCENTURE

Sous-traitants
1 - HEVA
2 - ORPHOZ
3 - ALGOE SA
4 - ALIXIO
5 - SCIENCE-PO
6 - TSE-IDEI
7 - VRAIMENT VRAIMENT
8 - MAKE.org

Source : DITP

LOT 2 - « CONCEPTION ET MISE EN ŒUVRE DES TRANSFORMATIONS »

ATTRIBUTAIRE N° 1
Groupement ERNST & YOUNG ADVISORY – BOSTON CONSULTING GROUP & CIE

Sous-traitant
1 - JULHIET STERWEN

ATTRIBUTAIRE N° 2
Groupement EUROGROUP CONSULTING – CM INTERNATIONAL – SEMAPHORES EXPERTISE

Sous-traitants
1 - CapCO
2 - La Javaness
3 - Sismo
4 - Veltys

ATTRIBUTAIRE N° 3
INOP'S

Sous-traitants :
1 - CONVICTIONS RH
2 - INFHOTEP
3 - MENSIA
4 - PIM

ATTRIBUTAIRE N° 4
Groupement CAPGEMINI CONSULTING / MAZARS

Sous-traitants
1 - ALTEDIA
2 - BACKELITE
3 - CIVOCRACY
4 - Matrice Association (école 42)
5 - ERANOS
6 - ESPELIA
7 - INPROCESS
8 - LE LAB RH association
9 - NUMA
10 - OLIVIER WYMAN
11 - QUANTEMETRY

LOT 3 - « PERFORMANCE ET RÉINGÉNIERIE DES PROCESSUS »

ATTRIBUTAIRE N° 1
Groupement CAPGEMINI CONSULTING / MAZARS / SIA PARTNERS

Sous-traitants
1 - BACKELITE
2 - CIVOCRACY
3 - ERANOS
4 - INPROCESS
5 - LE LAB RH association
6 - QUANTEMETRY
7 - WORLDAPPEAL

ATTRIBUTAIRE N° 2
Groupement EUROGROUP CONSULTING / CM INTERNATIONAL / SEMAPHORES EXPERTISE

Sous-traitants
1 - CapCO
2 - La Javaness
3 - Sismo
4 - Veltys
5 - Renault Nissan Consulting

ATTRIBUTAIRE N° 3
Groupement WAVESTONE / ROLAND BERGER

Sous-traitants
1 - Agorize
2 - Balthazar
3 - Bluenove
4 - Learn Assembly
5 - ThinkYellow
6 - Xebia
7 - Yellow Window
8 - BVA
9 - DXC
10 - HAAS Avocats
11 - Missions publiques
12 - OpenDataSoft
13 - X-EXED polytechnique
14 - ENSCI
15 - ENA

Transformation publique : temps et contretemps des consultants

Depuis 2012, peu de travaux ont été menés analysant le recours par les acteurs publics à des consultants. Sans prétention à l'exhaustivité ni à la rigueur scientifique, je veux exposer ici quelques questions liées à l'usage traditionnel des consultants, et quelques pistes pour – peut-être – y répondre[1].

Par **Romain Beaucher**, associé de l'agence de design Vraiment Vraiment, ancien conseiller de la ministre chargée de la Réforme de l'État et ancien consultant secteur public d'un grand cabinet de conseil

RÉSUMÉ

Passés maîtres dans la gestion de projet (méthodes) et l'art du *benchmark*, les consultants interviennent en général pour (aider à) définir, impulser, mener ou évaluer un changement, qui peut être stratégique, organisationnel, managérial ou relationnel. Cependant, l'une des limites importantes de l'intervention traditionnelle des consultants auprès des acteurs publics réside dans le fait qu'ils ont tendance à favoriser l'acceptabilité du changement plutôt que la désirabilité.

Deuxième limite des cabinets de conseil, selon Romain Beaucher : ils sont mal équipés et peu désireux d'intégrer la complexité politique propre, qui implique d'admettre que les acteurs publics ne sont pas des organisations comme les autres, à leur travail. Les grands cabinets de conseil ressemblent aussi comme un miroir aux organisations publiques qu'ils accompagnent : même fonctionnement très hiérarchique, avec aux différents niveaux des personnes qui ont fait les mêmes études, vivent dans les mêmes quartiers et font parfois des allers-retours entre administration et conseil. Les consultants sont soumis à un rythme effréné, frôlant parfois l'épuisement.

Face à l'incertitude radicale qui caractérise notre époque moderne, et dans ces circonstances, sont-ils les plus aptes à conseiller les décideurs publics ? Enfin, la commande publique est-elle équipée pour tirer le meilleur parti des consultants ? Le principe de l'appel d'offres et la fragmentation de la commande publique créent une forte déperdition de sens, de cohérence et d'énergie au fil des projets.

1. *Full disclosure* : je suis associé d'une agence qui, sans se revendiquer « cabinet de conseil », en partage de nombreux traits « de base », notamment dans les modalités contractuelles de travail avec les acteurs publics, et est engagée dans plusieurs partenariats avec des « grands » cabinets.

Quelques principes – qui méritent d'être complétés et de faire l'objet d'un débat – sont avancés par l'auteur : l'intégration de la dimension symbolique et politique de l'action publique et de sa transformation, le développement d'une culture et d'outils permettant la prise en compte de l'organisation et de son écosystème dans leur ensemble, l'ambition systématique du renforcement du pouvoir d'agir des organisations publiques et de leurs professionnels et le développement d'une capacité réflexive au sein des cabinets de conseil et/ou au sein de réseaux de pairs.

Fin novembre, le journal *Le Monde* nous a appris que la rédaction de l'exposé des motifs du projet de loi d'orientation des mobilités avait été externalisée à un cabinet d'avocats. Inédite, car désacralisant une prérogative traditionnelle et stratégique du gouvernement (expliciter ce qui rend la loi nécessaire et pertinente), cette sous-traitance aurait pu susciter un débat sur le rôle et l'influence des producteurs privés d'expertise dans la fabrique des politiques publiques. Ce ne fut pas le cas, soit que l'attention politico-médiatique ait été accaparée ailleurs, en plein mouvement dit des « gilets jaunes », soit que l'habitude ait été prise depuis longtemps de voir des pans entiers de la transformation publique confiés à des prestataires privés.

Pour définir leur stratégie, transformer leurs processus managériaux et leurs systèmes d'information, pour les accompagner dans leurs démarches innovantes ou dans leur communication, les acteurs publics ont, comme la plupart des organisations privées, recours à des cabinets, agences, bureaux d'étude en tous genres, de toutes tailles et pratiquant des tarifs variables (de 1 à 10). Ce recours aux cabinets privés est souvent discret, notamment pour les plus gros marchés, fait l'objet de peu d'attention – et donc d'une faible réflexivité - pris dans son ensemble. Le rapport conjoint de l'IGF, de l'IGAS et de l'IGA sur le bilan de la révision générale des politiques publiques[2] a donné l'occasion aux syndicats d'agents publics de s'émouvoir de la place qu'avaient pris les consultants entre 2007 et 2012 :

« Des conflits d'intérêts au cœur de l'État avec tous ces marchés confiés aux cabinets de consultants, qui ont aussi des intérêts auprès de ceux à qui sont données les missions abandonnées par l'administration. » (FO)

« Une seule mission a disparu, l'ingénierie publique. Si elle a disparu c'est parce que ceux qui ont conçu les reformes sont des cabinets de consultants ; ils ont peut-être pensé trouver là de nouveaux marchés… » (CFDT)

« Le recours intensif aux cabinets privés est à écarter. Ils n'ont aucune légitimité et ne connaissent pas les métiers. » (UNSA)

2. *Bilan de la RGPP et conditions de réussite d'une nouvelle politique de réforme de l'État*, rapport de l'IGF, de l'IGAS et de l'IGA, sept. 2012.

Dans leur synthèse, les inspections faisaient sobrement remarquer que « le recours massif à des consultants, parfois peu au fait des réalités du secteur public, a été mal compris ».

Sans prétention à l'exhaustivité ni à la rigueur scientifique, je veux exposer ici quelques questions liées à l'usage traditionnel des consultants, et quelques pistes pour – peut-être – y répondre.

« L'acceptabilité » du changement est-elle la bonne jauge ?

Quel que soit leur champ et leur niveau d'intervention, les consultants interviennent en général pour (aider à) définir, impulser, mener ou évaluer un changement, qui peut être stratégique, organisationnel, managérial ou relationnel[3]. Ils le font sur la base de benchmarks (comparaison avec les « meilleures pratiques » à l'étranger, dans le secteur privé ou dans d'autres administrations) et de méthodologies qui leur sont propres. Dans la plupart des cas, il y a ainsi définition « en chambre » d'une vision du changement nécessaire (voire indispensable, dans une logique « *there is no alternative* »), avec l'enjeu d'en mesurer et d'en augmenter « l'acceptabilité » par les parties prenantes – au premier rang desquelles se trouvent les agents publics, mais qui incluent aussi en fonction des politiques et des administrations concernées les usagers, les citoyens, les élus locaux, la société civile, etc.

Cette notion d'acceptabilité du changement, qui résonne particulièrement bien avec le fonctionnement hiérarchique de l'administration, porte en elle une des limites importantes de l'intervention traditionnelle des consultants auprès des acteurs publics : elle fait du changement une entité autonome et exogène à l'organisation et à son écosystème, la dépossédant de sa capacité à définir les modalités du changement (sinon sa finalité) et la transformant en un corps inerte à « faire bouger », selon des recettes plus ou moins toutes faites. Les inspections ayant rédigé le rapport sur la RGPP ne s'y sont pas trompées, qui avaient écrits que les agents publics, et notamment les cadres, « doivent cesser d'être contournés et finalement un peu humiliés (notamment par tous ces cabinets privés supposés leur expliquer ce qu'ils doivent faire alors qu'ils en méconnaissent gravement le travail et les responsabilités ».

Accessoirement, on peut faire l'hypothèse qu'une telle conception requière une énergie colossale pour un résultat minime et qu'on ira toujours moins loin dans la transformation en visant l'acceptabilité plutôt que la désirabilité.

La transformation publique est-elle une affaire technique ou politique ?

On a vite fait de considérer que la transformation publique est une affaire technique et administrative, et qu'elle pourrait donc être l'affaire des techniciens que sont les consultants, main dans la main avec les juristes qui exercent leur magistère en différents lieux stratégiques au sein de l'État (pour ne parler ici que de l'État). Pourtant, quoi de plus politique que la carte du réseau d'un opérateur public – Pôle emploi comme Météo France – ou de l'administration des finances publiques ? Le ministre chargé des Comptes publics, Gérard Darmanin, en a fait la démonstration en annonçant en plein mouvement des Gilets jaunes (et à rebours des tendances des dernières années) la création de 400 nouveaux « points de contact » de l'administration fiscale, sur tout le territoire.

3. Le tout étant idéalement cohérent, de la stratégie à l'interface avec les usagers en passant par les métiers, postures et outils des agents.

> Les grands cabinets de conseil ressemblent comme un miroir aux organisations publiques qu'ils accompagnent : même fonctionnement très hiérarchique, avec aux différents niveaux des personnes qui ont fait les mêmes études, vivent dans les mêmes quartiers et font parfois des allers-retours entre administration et conseil.

Dans un pays où l'action publique joue un rôle aussi structurant, sa transformation ne saurait être technique. Il en va du rapport du corps social au territoire, à l'avenir, à la justice – et, assez fondamentalement, à son identité. Même les « sujets de backoffice », terrain de repli des consultants quand ils sentent le grain venir sur les sujets réputés toucher directement les Français.e.s, sont politiques : il n'est pas plus indifférent d'héberger ses serveurs informatiques en France ou à l'étranger que de faire le choix de « rationalisation » des fonctions support, qui aura un impact sur la qualité, la disponibilité et le prix du support aux « agents métiers », sur l'emploi sur un territoire donné et/ou sur les symboles de la puissance publique[4]. Or, les cabinets de conseil sont mal équipés et peu désireux d'intégrer la complexité politique, qui implique d'admettre que les acteurs publics ne sont pas des organisations comme les autres, à leur travail.

Comment conseiller dans un monde caractérisé par « l'incertitude radicale » ?

L'interdépendance, la volatilité et la criticité des facteurs économiques, sociaux, politiques et écologiques génèrent une forme d'incertitude radicale dans laquelle il est difficile de se repérer et d'avancer, au contraire d'une période où la vision du « progrès », en tant que moteur et que cible du processus politique, semblait relativement établie. Un tel contexte appelle à la multiplication et à la diversification des sources d'expertise, et à la valorisation des paroles contraires (comme l'Armée, par exemple, sait le faire dans le cadre de ses opex).

Les grands cabinets de conseil ressemblent comme un miroir aux organisations publiques qu'ils accompagnent : même fonctionnement très hiérarchique, avec aux différents niveaux des personnes qui ont fait les mêmes études, vivent dans les mêmes quartiers et font parfois des allers-retours entre administration et conseil. Les chercheurs sont aussi rares d'un côté que de l'autre, sans parler de profils plus atypiques encore (profils littéraires et artistiques, designers, *makers*, etc.). Le regard extérieur recherché avec le recours aux consultants perd ainsi de son sens : souvent, il n'est qu'externe, là où on pourrait imaginer des processus frugaux qui permettent le regard extérieur interne (temps de partage entre pairs et/ou entre des métiers différents au sein des administrations, par exemple).

4. On pense ici, par exemple, à la politique de « rationalisation du patrimoine immobilier public », qui voit l'État vendre à bas prix des bâtiments symboliquement importants (tribunaux d'instance, trésoreries, directions territoriales diverses), alors que d'autres stratégies immobilières seraient envisageables (par exemple, la revalorisation via des projets d'occupation temporaire qui pourraient en même temps revitaliser les « cœurs de ville » moyennes.

Le rythme des cabinets de conseil – et son corollaire, la rareté paroxysmique du temps – créé en plus une forme d'imperméabilité au doute (qui rappelle également celle de certains grands corps d'État...) et rend presque impossible la réflexivité, pourtant cruciale dans la posture d'accompagnement. Au-delà de l'appauvrissement de la valeur apportée aux clients, cela crée une forme d'épuisement qui ressemble beaucoup à celui de nombreux agents publics, lié au hiatus entre vocation/aspiration personnelle (tout le monde est de bonne volonté) et capacité/réussite collective (la structure m'empêche et on n'y arrive pas).

La commande publique est-elle équipée pour tirer le meilleur parti des consultants ?

Le principe de l'appel d'offres implique que l'acheteur sait ce dont il a besoin et qu'il souhaite que cela lui soit livré aux termes du contrat. Or, dans certains domaines – notamment stratégiques, technologiques ou liés aux démarches innovantes – une part importante de valeur qui peut être apportée par des prestataires externes échappe au domaine du prévisible et, par ailleurs, qui impliquerait une logique itérative que la commande publique peine à assumer. Par exemple, les bons projets de design des politiques publiques impliquent de concevoir, formaliser (prototyper) et tester plusieurs solutions répondant à un problème identifié, et d'assumer d'en abandonner certaines (la plupart) pour ne garder que celles qui sont jugées utiles, désirables et faisables. Vous pouvez être sûrs que l'acheteur public, pour des raisons de sécurisation juridique, demandera que les idées abandonnées fassent l'objet du même niveau de documentation que les autres... Plus courant encore, les projets d'innovation publique, généralement de faible volume budgétaire, qui prévoient dès l'appel d'offres une dizaine de rendez-vous obligatoires (comités de pilotage, participation à un événement public, etc.) – autant dire qu'il ne reste plus grand-chose pour *faire* le projet. Il serait intéressant de chercher des manières de designer les marchés publics pour qu'ils génèrent davantage de confiance et de souplesse entre l'acheteur et le prestataire.

Plus généralement, la fragmentation de la commande publique (entre des phases amont très stratégiques et une mise en œuvre éclatée entre de nombreux métiers) créé une forte déperdition de sens, de cohérence et d'énergie au fil des projets – qui en deviennent plus fragiles, plus coûteux et moins désirables.

« Il serait intéressant de chercher des manières de designer les marchés publics pour qu'ils génèrent davantage de confiance et de souplesse entre l'acheteur et le prestataire.

Y a-t-il une évolution des postures de consultants ?

Les trois inspections, en faisant le bilan de la RGPP, soulignent aussi que « l'intervention des consultants est souvent jugée positive, voire indispensable, dans la phase de lancement des projets, notamment par le renfort qu'ils apportent, leur regard extérieur, leur apport en termes de méthode et de conduite de projet. »

Comment tirer le meilleur parti de cet « apport » tout en répondant aux critiques émises à l'égard des consultants et en assurant que leur intervention créée des effets durables, à la hauteur de l'investissement de l'acheteur public ?

Quelques principes – qui méritent d'être complétés et de faire l'objet d'un débat – me semblent importants :
- intégration de la dimension symbolique et politique de l'action publique et de sa transformation. Un bureau de poste qui ferme n'est pas compensé par une épicerie qui vend des timbres. Retirer son permis de conduire tout neuf au tabac ou à la mairie n'est pas anodin. Manifeste en matière de réforme de l'État depuis 10 ans, l'oubli (voire la négation) de la dimension symbolique et politique de la carte des services publics, des signes et de l'ambiance des lieux, du rôle de médiation des agents de première ligne, fait partie des facteurs de mobilisation des gilets jaunes ;
- développement d'une culture et d'outils permettant la prise en compte de l'organisation et de son écosystème dans leur ensemble. Qu'il s'agisse d'applicatif interne, de nouveaux processus ou de nouveaux équipements physiques, les projets de transformation, pour être légitimes, pertinents et créer davantage de progrès que d'effets induits négatifs, doivent être fondés sur l'expertise d'usage des agents et, le cas échéant, des usagers et partenaires de l'organisation. Cela implique de se doter d'outils fins d'analyse des usages et de projection des effets concrets qu'un changement donné aura dans le quotidien sur le terrain, et d'adopter une posture d'appui à l'organisation dans son ensemble (et pas seulement au service acheteur, au « top management », etc.) ;
- l'ambition systématique du renforcement du pouvoir d'agir des organisations publiques et de leurs professionnels. Le partage et le renforcement des compétences de l'organisation doivent être au cœur de l'intervention des consultants, dans une perspective d'autonomisation des clients (à rebours de la création de dépendance technologique ou d'emprise stratégique). Pour cela, l'attention portée à la trivialité de la réalité (de la mise en œuvre jusque dans les pratiques quotidiennes, par exemple), revêt une importance capitale pour éviter les effets pervers d'une prestation intellectuelle trop peu connectée à la tangibilité du monde ;
- le développement d'une capacité réflexive au sein des cabinets de conseil et/ou au sein de réseaux de pairs permettrait de conscientiser, d'expliciter et de débattre des tensions éthiques et des questions concrètes qui ne manquent pas d'émerger dans une vie de consultant. Accessoirement, cela permettrait peut-être de mieux gérer les professionnels de ces cabinets, qui font souvent part d'une pression sans commune mesure avec le sens qu'ils trouvent à leur travail.

À une échelle qui n'a rien à voir avec celle des « grands » cabinets de conseil, il est remarquable qu'une nouvelle génération de cabinets de conseil et d'agence se pose ces questions et cherche à y répondre, par exemple dans le cadre de la communauté des Halles civiques. Si le terrain d'action reste marginal, il est en expansion, avec un bon niveau d'adhésion de la part des partenaires et clients publics. L'invention d'une nouvelle modalité du conseil ? L'avenir, peut-être, le dira.

■

Quand la digitocratie remplacera la technocratie

Le défi de la productivité est au cœur du programme « Action Publique 2022 ». Il implique la recherche de nouveaux modèles de production et de nouvelles chaînes de valeur. Rendre l'État pionnier de la révolution des intelligences, penser les plateformes digitales en partant des usages et définir un *new deal* managérial sont les trois convictions de l'équipe *citizen services* de Capgemini Invent, le cabinet leader du marché du conseil au secteur public.

Par **Étienne Grass**, directeur des *citizen services* chez Capgemini Invent

RÉSUMÉ

La stratégie économique du gouvernement promet une baisse de 3,5 points du poids des dépenses publiques dans le PIB « sans mettre à mal le service public ». Pour y parvenir, cette stratégie a une clé de voûte trop rarement commentée : elle implique d'atteindre, dans les services publics, des gains de productivité nettement supérieurs à 1 %, c'est-à-dire nettement supérieurs à ceux enregistrés dans les services privés. Le défi de la productivité est donc au centre de toute réforme des administrations.

Pour Capgemini Invent, le gain de productivité peut être relevé à condition de changer d'approche en faisant du digital le moteur de la transformation (digitocratie). Il le sera à la convergence de deux défis : rendre l'État pionnier de la révolution des intelligences et repenser le portefeuille des services numériques en partant des usages.

Pour maîtriser les technologies d'avenir, l'État doit faire peu de choix, mais faire les bons choix. Capgemini Invent considère que l'État doit se concentrer sur trois ruptures technologiques : les Intelligences artificielles (IA), l'automatisation (*robotic processing automation*) et le cloud. L'objectif de « 100 % de procédures dématérialisées en 2022 » peut manquer une partie sa cible s'il ne s'accompagne pas d'une révolution des usages.

Pour accompagner l'État dans sa transformation publique, les cabinets de conseil sont des partenaires d'accélération. La vitesse est leur raison d'être, avec les trois règles d'or définies par Capgemini Invent. La première règle d'or est de ne plus envisager le digital comme un facteur de transformation parmi d'autres, mais bien comme le point de départ de toute transformation.

La deuxième règle d'or est de considérer que l'engagement managérial sera la mère de toutes les réformes. La troisième règle d'or est de se souvenir que le chemin compte autant que la cible. Nous devons contribuer à rendre les administrations apprenantes.

Dans ce contexte nouveau, la digitocratie serait-elle l'avenir de la technocratie ? En effet, l'impératif de productivité impose une « technocratie » renouvelée, un mot à envisager au sens premier du terme : une vraie capacité retrouvée à gouverner les technologies digitales, c'est-à-dire à identifier les potentiels technologiques et à les rendre payants. Une digitocratie est une technocratie qui cesse de considérer la société comme une belle endormie et capitalise sur ces projets. Plutôt que de rechercher des potions à administrer, elle tire profit de son énergie.

« Il faut imaginer Sisyphe heureux. » La belle phrase d'Albert Camus pourrait être l'un des mots d'ordre d'Action Publique 2022. Toujours recommencée, mais toujours payante, la transformation de l'action publique prend aujourd'hui un tour inédit.

Le programme Action Publique 2022, lancé par le Premier ministre le 13 octobre 2017, affirme trois objectifs : améliorer la qualité des services publics, offrir un environnement de travail modernisé aux fonctionnaires et maîtriser les dépenses publiques en optimisant les moyens.

L'approche pragmatique des transformations à engager a fait émerger un premier portefeuille de projets, d'ores et déjà ambitieux, tels que la numérisation de l'intégralité des procédures civiles et pénales d'ici 2022, la possibilité d'assurer en ligne les renouvellements de documents officiels, la reconnaissance d'un droit à l'erreur concernant les procédures déclaratives, etc.

Au-delà de ces projets, la colonne vertébrale d'Action Publique 2022 se dessine autour d'un impératif de résultats tangibles pour les citoyens, conçu à partir de l'expérience vécue des utilisateurs et d'engagements de qualité de service transparents et opposables.

Le défi de la productivité

Il y a une chose néanmoins que cette stratégie n'a pas explicitée, c'est la trajectoire de productivité qu'elle veut servir. La stratégie économique du gouvernement promet une baisse de 3,5 points du poids des dépenses publiques dans le PIB « sans mettre à mal le service public ». Pour y parvenir, cette stratégie a une clé de voûte trop rarement commentée : elle implique d'atteindre dans les services publics des gains de productivité nettement supérieurs à 1 %, c'est-à-dire nettement supérieurs ceux enregistrés dans les services privés. Jusqu'à présent les services publics réalisaient leurs gains de productivité par mimétisme ou par rattrapage avec d'autres acteurs de l'économie, ils vont devoir demain monter au front de la frontière technologique.

Le défi ainsi posé est considérable, particulièrement parce qu'il intervient dans un contexte de ralentissement structurel de la productivité dans l'économie, particulièrement dans le secteur des services. Une façon de résumer ce défi est la suivante : il revient à créer les conditions d'un renversement des courbes respectives de la productivité du secteur public et du secteur privé. Cette performance n'a jamais été atteinte depuis 1950 comme l'illustre le graphique ci-dessous :

Depuis 1950, la croissance de la productivité apparente du travail dans la branche des administrations publiques (qui regroupe les services d'administration, d'enseignement, de santé et de protection sociale) a été de 2 points inférieurs en moyenne à la tendance de l'ensemble de l'économie (1,3 pt contre 3,3 pts).

Ce défi n'est pas pour autant hors de portée, mais il nécessite un changement d'approche. Jusqu'à présent, les services publics réalisaient leurs gains de productivité par mimétisme ou par rattrapage d'autres acteurs de l'économie, particulièrement les acteurs industriels. Ils doivent aujourd'hui changer de posture pour :
1/ identifier des gisements de productivité qui sont propres aux activités de service et concernent particulièrement les activités automatisables ;
2/ devenir des acteurs à part entière la frontière technologique et assumer d'y créer de la valeur, y compris en empruntant ses modèles d'affaire.

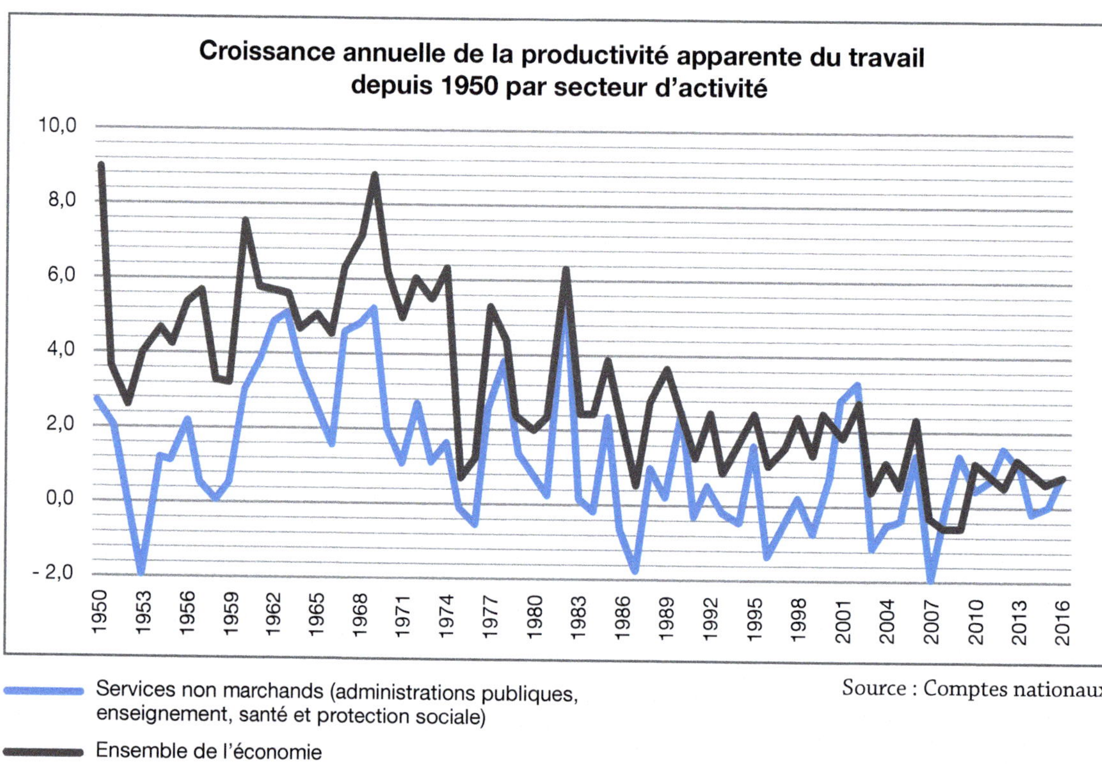

Source : Comptes nationaux

Le digital sera la clé de ce changement d'approche. Il ne doit plus être envisagé comme un facteur de transformation parmi d'autres, mais comme le moteur de toute transformation. Il le sera à la convergence de deux défis.

Un premier défi est de rendre l'État pionnier de la révolution des intelligences

La croissance exponentielle des investissements dans les Intelligences artificielles (IA) depuis 3 ans s'appuie sur des rationnels de création de valeur qui, presque toujours concernent la collectivité publique, soit parce que les IA promettent une valeur sociale importante (dans l'éducation ou la santé, par exemple), soit parce qu'elles favoriseront une automatisation des tâches reproductibles, qui concernent aussi bien les services publics que privés.

Nous avons ainsi la conviction que les ministères, et leurs opérateurs, doivent aujourd'hui privilégier un petit nombre d'initiatives dans ces domaines à gains rapides, à forte envergure et à très large déploiement.

Des IA appliquées sont en développement dans les services financiers, la gestion des *back office*, les métiers du droit, la comptabilité, la fiscalité, l'audit, l'architecture, le conseil, le service à la clientèle et le transport, autant d'activité qui concernent le secteur public comme le secteur privé.

Le marché mondial des solutions d'IA pourrait stimuler la productivité jusqu'à 30 % dans certaines industries et générer des économies allant jusqu'à 25 % des coûts d'un processus donné (chiffres de la récente *Halle-Pesenti review*). La particularité des IA est que ces gains ne sont ni linéaires ni reproductibles. Ils dépendent d'une analyse précise des processus augmentés par l'IA.

Les IA se déclinent au pluriel. Elles impliquent une nouvelle interdisciplinarité, qui mobilise l'informatique, les sciences cognitives, la psychologie, la philosophie, la neurologie, et d'autres ; ces projets posent la question de nouvelles combinaisons entre 3 intelligences :
- intelligences personnelles ;
- intelligences collectives ;
- intelligences artificielles.

Pour maîtriser les technologies d'avenir, l'État doit faire peu de choix, mais faire les bons choix. C'est ce qui nous conduit aujourd'hui à concentrer notre compétence sur trois ruptures technologiques : les intelligences artificielles, l'automatisation (*robotic processing automation*) et le cloud. L'État doit privilégier aujourd'hui les cas d'usage à portée de main. Des exemples d'IA sont d'ores et déjà arrivés à maturité qui inclut : la communication avec des ordinateurs en langage naturel ; La reconnaissance d'images ; la capacité à stratifier de larges bases de données ; la capacité à exploiter des systèmes robotiques autonomes et adaptatifs (voir RPA cognitif).

Le Capgemini Digital Transformation Institute a procédé à une analyse de la mise en œuvre de plus de 50 cas d'utilisation de l'IA. Ce travail montre que de nombreuses entreprises se lancent directement dans les cas d'utilisation les plus difficiles. Cependant, seules de petites minorités se concentrent sur des cas d'utilisation qui présentent également des avantages élevés. Moins de la moitié des projets (46 %) s'attaquent à ce que nous appelons des cas d'utilisation « indispensables », qui sont à « portée de main », dans le sens où ils sont très utiles et peu complexes. Seulement environ un cinquième (20 %) des entreprises met en œuvre ces cas d'utilisation à grande échelle. Ce défi du passage à l'échelle est celui auquel l'État doit se confronter d'emblée.

Cas d'usage des IA pour le secteur public

Exemples d'IAs arrivées à maturité :
- aide au diagnostic grâce à la détection de petites variations par rapport à la base de référence de la santé à partir de nouveaux capteurs (IoT ; Google Verily, Sanofi, etc.)
- recommandations cliniques à partir des données du patient (Watson for oncology)
- éligibilité d'un patient aux essais cliniques (Watson for Clinical Trials)
- identification précoce des pandémies potentielles et suivi de l'incidence de la maladie pour aider à prévenir et contenir sa propagation
- diagnostic d'imagerie (scan ou IRM ; Therapixel, Watson for imagery) ou aide à l'échographie (Philips)
- aide au détourage des tumeurs en radiothérapie (Microsoft InerEye)
- préparation interactive de la consultation médicale (Babylon Health)

Solutions en développement :
- diagnostic basé sur les données et développement de médicaments virtuels (Owkin, Google Verily, BenevolentAI, etc.)
- gestion des bases de données génomiques, stratification des patients et recommandations cliniques (Philips, Illumina, Watson for genomics, etc.)
- analyse biologique de tumeurs ou cellules
- consultation virtuelle (yourMD)

Legal tech :
- vérification des identifiés (Onfido, Olivia de HSBC, etc.)
- facilitation de l'accès au droit : recherche accompagnée de textes, jurisprudences, rédaction automatisée d'expertise (Pinsent Masons' Term Frame, MarginMatrix de Allen & Overy)

Transports et mobilités :
- flottes autonomes pour le covoiturage et assistance au conducteur
- maintenance prédictive et autonome des moteurs et infrastructures (National Infrastructure commission, Royaume-Uni)

Éducation :
- évaluation en continue des performances (sur la base de *oneline learning*)
- *autograding* des enseignants (Gradescop)
- optimisation des apprentissages mathématiques avec l'IA en détectant les causes d'échec sur un examen en ligne (MEN EdTech avec CapGemini)

L'ensemble de ces cas d'usage semble justifier une animation commune et transversale aux opérateurs publics, permettant de stimuler chaque année 1 ou 2 grands défis, à l'image des grands paris (bets) initiés chaque année par l'agence DARPA aux États-Unis. À titre d'exemple, nous pensons que les IA permettant d'automatiser la lecture de mammographies arrivent à maturité sur le plan technologique et peut permettre de faire face aux pénuries de radiologues, avec un fort retour sur investissement pour le système de santé (potentiel d'économie estimé à 120 M€ par an). Ce projet suscite une forte adhésion des professionnels de santé ; il est porté par une entreprise de la French Tech.

Un second défi est de repenser le portefeuille des services numériques en partant des usages

D'ores et déjà, les administrations françaises sont bien positionnées en Europe dans leur offre de services dématérialisés aux citoyens. Nos administrations ont du retard néanmoins lorsqu'il s'agit d'inventer des services nouveaux conçus à partir des usages. Cette « révolution des usages » doit conduire à inventer des services qui n'existent pas encore et qui émergeront comme une conséquence des attentes des citoyens. Elle doit mettre résolument l'accent sur ceux qui sont aujourd'hui le plus éloigné des services numériques.

L'édition 2018 du classement eGov, que nous réalisons chaque année pour la Commission européenne, souligne notamment nos voies de progrès par rapport à ces pays : accessibilités aux mobiles des plateformes de service en ligne, disponibilité de eDocuments, création d'identités partagées, disponibilité d'un support en ligne interactif (*usability*).

L'objectif de « 100 % de procédures dématérialisées en 2022 » peut manquer une partie de sa cible s'il ne s'accompagne pas d'une révolution des usages. L'hôpital est un bon exemple de cet attentisme : la prise de rendez-vous en ligne, l'échange de mails sécurisés, la dématérialisation des procédures d'admission, la préparation en ligne des consultations, la télé-expertise, peuvent transformer profondément et positivement le soin. Mais jusqu'alors les établissements n'ont qu'un très faible intérêt à s'y engager.

Les grands portails publics (Ameli, impots.gouv, CAF, Pôle emploi) ont d'ores et déjà atteint à cet égard une phase de maturité, en privilégiant des modèles de développement plus agiles. Le développement de nouveaux services dans ces portails y reste néanmoins bridé. Il est trop souvent envisagé uniquement comme une bascule d'activité du contact physique vers des plateformes numériques. Développer de nouveaux usages implique une vision à 360 degrés du potentiel de valeur des plateformes de services. Cela implique aussi de sortir d'une logique dans laquelle les opérateurs attendent de bénéficier de modèles économiques clarifiés pour créer cette valeur.

Cette révolution des usages nous semble impliquer la diffusion de nouveaux savoir-faire (UX Design et analytics notamment), des systèmes d'information plus agiles, une systématisation des modèles d'APIsation ouverte (type Emploi store) en mettant à profit l'obligation de portabilité des données personnelles posée par le RGPD, des lieux d'accélération et d'innovation (type Lab de Pôle emploi) et une évolution des modes d'organisation des grands opérateurs, pour dépasser la séparation canonique entre maîtrise d'ouvrage et maîtrise d'œuvre et entrevoir des logiques plus intégrées, mises au service de « promesses utilisateurs » formalisées.

Les cabinets de conseil : partenaires d'accélération

Les cabinets de conseil sont des partenaires d'accélération, parfois comme des starting-blocks au début d'une course intense, parfois comme des relais, parfois même des lièvres d'une course qui promet d'être longue.

La vitesse est notre raison d'être. Elle est ce qui rend nos consultants fiers de ce qu'ils font. Ce qui fait aussi notre différence. « La société a évolué souvent plus vite que l'administration elle-même. » Placée en exergue du récent projet de loi pour une société de confiance, cette évidence sert de mot d'ordre à la nouvelle boîte à outils de l'État pour gommer les irritants et frottements entre l'État et ses usagers. La nouvelle stratégie, que le projet décline dans son annexe, affirme une ambition inédite. Tourner la page à une technocratie trop sûre d'elle-même, habituée à considérer la société comme une belle endormie, plus occupée à lui administrer des potions qu'à partager sa vie.

Règles d'or

Pour décrire le changement de posture et la rupture de rythme que la transformation de la technocratie implique, on est tenté de définir trois principes, qui seront les règles d'or du consultant.

La première règle d'or est de ne plus envisager le digital comme un facteur de transformation parmi d'autres, mais bien comme le point de départ de toute transformation. Le digital dévore le monde, il doit aussi dévorer les administrations. Prenons l'exemple de l'administration fiscale : contrairement à une idée reçue, la télédéclaration n'a pour l'instant représenté qu'une faible part (15 %) de ses gains de productivité. L'obligation de télédéclaration posée en 2016, si elle atteint 60 % des foyers fiscaux, ne bouleversera pas la donne. Changer d'échelle ne sera possible que si l'on réinterroge le calcul et la liquidation impôt lui-même et si l'on investit massivement dans l'inclusion des 40 % de citoyens qui restent éloignés des services numériques.

La deuxième règle d'or est de considérer que l'engagement managérial sera la mère de toutes les réformes. Une étude conduite à Harvard (par les professeurs Nicolas Bloom et Raffaella Sadun) a montré que dans toutes les économies développées, les gains de productivité sont directement corrélés à la qualité managériale des dirigeants (mesurée dans l'enquête *World Management Survey*). Identifier les managers, les positionner est souvent un premier défi dans le secteur public. Le second est de leur donner l'autonomie pour innover et la capacité de tester et apprendre.

Quel que soit le secteur d'activité, et plus particulièrement maintenant dans le secteur public, les projets de transformation se multiplient à un rythme sans précédent. Plus que tout autre, les agents publics ont connu ces dernières années des bouleversements dans leurs organisations de travail. Pour un nombre considérable de managers publics, la capacité à réussir ces transformations est devenue un élément de la noblesse du service public. Mais une forme d'incompatibilité semble s'être installée entre trois objectifs :

Il y a trilemme qui s'installe durablement chez les managers publics et qui est bien connu des consultants : l'incompatibilité entre trois objectifs, celui de l'efficience, celui de la qualité de service et celui de l'engagement des équipes. C'est ce nœud qu'il s'agit de dénouer en priorité pour ramener du sens au milieu de ce qui ressemble aujourd'hui à des incompatibilités.

La priorité est d'assurer un engagement massif des agents publics à travers leurs managers de proximité. Cela implique la projection vers une cible faisant sens par rapport à la réalité d'aujourd'hui et la responsabilisation des managers et des agents à travers une dynamique centrée sur leurs rôles et leur laissant des marges de manœuvre. Pôle emploi appelle cette transformation d'un joli nom : le « pari de la confiance ».

> « La première règle d'or est de ne plus envisager le digital comme un facteur de transformation parmi d'autres, mais bien comme le point de départ de toute transformation. Le digital dévore le monde, il doit aussi dévorer les administrations.

La troisième règle d'or est de se souvenir que le chemin compte autant que la cible. Nous devons contribuer à rendre les administrations apprenantes. Le concept d'organisation apprenante est devenu un élément essentiel des nouvelles stratégies industrielles depuis le début des années quatre-vingt-dix. Cinq éléments caractérisent ces organisations :
- la capacité de l'organisation à être réceptive aux informations qui lui viennent de l'extérieur et à les transformer en informations utiles pour améliorer sa performance ;
- des organisations dynamiques et adaptables pour être capable de répondre rapidement à de nouveaux besoins ;
- l'expérimentation et la capitalisation du savoir, au terme d'un processus collectif ;
- la prise d'initiative de tous les acteurs et la protection de moments créatifs ;
- l'organisation du transfert des connaissances.

En s'inspirant des pratiques les plus efficaces observées chez nos clients les plus avancés, cette approche nous paraît adaptée pour mettre en place une juste articulation entre « métiers » et maîtrise d'œuvre SI. C'est aussi la clé pour encourager les opérateurs à innover et à prendre des risques (droit à l'erreur, droit de s'affranchir de certaines règles, parts variables en fonction des résultats, etc.).

La digitocratie, avenir de la technocratie ?

L'impératif de productivité impose une « technocratie » renouvelée, un mot à envisager au sens premier du terme : une vraie capacité retrouvée à gouverner les technologies digitales, c'est-à-dire à identifier les potentiels technologiques et à les rendre payants.

La société française n'a jamais eu autant besoin de technocratie ! Le paradoxe se résout si l'on revient au sens même des mots. Gouverner les techniques : la technocratie est la façon de retrouver une capacité à prédire le futur et à en décider collectivement, assurer une concrétisation éthique et durable des promesses de l'intelligence artificielle. L'un des plus grands défauts de notre technocratie est de ne plus croire en elle-même. Lorsqu'à l'été 2016, le magazine *Les Échos* a demandé à deux cents personnalités du monde économique et politique de désigner les livres qui « les aident à préparer l'avenir », la moitié des ouvrages retenus dans le top 6 étaient écrits par des auteurs transhumanistes américains. Dans la galerie de portrait des « techno-prophètes » autoproclamés de l'ère digitale, les Français font profession d'humilité. Nous oublierons presque que les meilleurs chercheurs mondiaux sur l'intelligence artificielle sont nos compatriotes (Yann Le Cun, Stéphane Mallat, Jérôme Pesenti, etc.). À force de péjorer notre technocratie, nous courons le risque de nous en priver.

Une digitocratie est une technocratie qui cesse de considérer la société comme une belle endormie et capitalise sur ces projets. Plutôt que de rechercher des potions à administrer, elle tire profit de son énergie.

Les consultants à l'hôpital, un phénomène structurel ?

L'irruption massive des consultants dans le secteur hospitalier doit être replacée dans le contexte plus général de la réforme de l'État à l'œuvre depuis une trentaine d'années. Cette dynamique a également tendance à se renforcer car le recours aux consultants devient un réflexe pour la certification des comptes des hôpitaux ou encore pour opérer le « virage ambulatoire » et déployer les nouvelles technologies.

Par **Frédéric Pierru**, chercheur en sciences sociales et politiques au CNRS, CERAPS-Université de Lille[1]

RÉSUMÉ

L'avènement d'une consultocratie hospitalière à laquelle nous assistons depuis les années 2000 est-il est un effet de mode comme l'action publique en connaît périodiquement ou, au contraire, est-il l'une des facettes d'une transformation profonde et durable de l'État et de la fabrique de l'action publique ? Des politistes nord-américains avaient inventé ce terme de « consultocratie » pour désigner, au début des années quatre-vingt-dix, l'entrée massive des cabinets de conseil, et en particulier les plus grands et renommés d'entre eux, dans des États saisis par ce qu'il est convenu d'appeler le nouveau management public. Le politiste canadien Denis Saint-Martin avait remarqué que ce phénomène était le propre d'États « libéraux », faiblement différenciés, dont les frontières avec le secteur privé sont traditionnellement très poreuses[2]. À l'inverse, en France, emblématique d'un État « fort », centralisé, jacobin, fortement différencié de la « société civile » et de l'économie, les consultants semblaient voués à la marginalité par rapport au quasi-monopole des grands corps sur l'élaboration des politiques publiques et à une fonction publique très structurée sur leur mise en œuvre. Toutefois, depuis les années quatre-vingt-dix, cette opposition idéal-typique entre États libéraux, supposés (à tort) faibles, et États forts semble passablement obsolète. Le néolibéralisme reaganien et le nouveau management public, théorisé dans l'Amérique clintonienne, ont traversé l'Atlantique pour s'implanter durablement dans des écosystèmes étatiques *a priori* peu accueillants. Certes, cette normalisation s'est faite selon des voies et une intensité variable selon les pays. Il n'empêche : tous les États ont réduit

1. Pierru F., (coll.) Juven P.-A. et Vincent F., *Pire que le mal. Réformes et faillites de l'hôpital public*, 2019, Paris, Éditions Raisons d'Agir.

2. Saint-Martin D., "*The New Managerialism and the Policy Influence of Consultants in Government : An Historical-Institutionalist Analysis of Britain, Canada and France*", *Governance* 1998, 11(3) ; « Les consultants et la réforme managérialiste de l'État en France et en Grande-Bretagne : vers l'émergence d'une "consultocratie" ? », *Revue canadienne de Sciences Politique* 1999, 32(1).

leur périmètre d'intervention (privatisations), se sont efforcés de réformer leurs bureaucraties dans le sens de la « souplesse » et de « l'agilité » (agences), mais aussi de la concurrence et de l'entrepreneuriat, se sont mis à pratiquer le *benchmarking* et à déployer des indicateurs de performance. Nous traiterons ici d'une facette de cette mue néolibérale et régulatrice des États occidentaux : l'association croissante des cabinets de conseil internationaux à l'élaboration et la conduite de l'action publique, laquelle renvoie à un phénomène structurel, à savoir le brouillage croissant des catégories du « public » et du « privé ».

Dans un premier temps, nous verrons comment s'est opéré cette mue de l'État français, à un niveau global, pour, dans un second temps, saisir comment cette dynamique transversale s'est répercutée dans le secteur hospitalier.

Enfin, nous insisterons sur l'omniprésence des cabinets de conseil dans les politiques hospitalières. En effet, la présence de consultants dans les hôpitaux n'est pas nouvelle. Mais ces cabinets étaient souvent de petite taille et étaient le fait d'acteurs hospitaliers. Il s'est opéré un saut quantitatif et qualitatif dans les années 2000, à la faveur de l'accélération de la « néo-managérialisation » des politiques hospitalières. Désormais ce sont les grandes firmes internationales du conseil qui sont sollicitées de façon systématique, et ce aussi bien au niveau de l'élaboration que de la mise en œuvre des réformes. Nous serons alors en mesure de répondre à la question posée au début de cette introduction : l'omniprésence des consultants à l'hôpital est bien un phénomène structurel, appelé à s'intensifier dans les prochaines années.

« Modernisation de l'État » et obsolescence programmée de l'opposition sacrée du « public » et du « privé »

Les profondes recompositions des États depuis trente ans, que certains politistes qualifient de « mue néolibérale et régulatrice », ont considérablement brouillé la frontière, sacralisée depuis la Seconde Guerre mondiale, du « public » et du « privé ». Les vagues de privatisation ont contracté du périmètre de la sphère publique. La gestion publique a perdu de sa superbe laissant aux méthodes de la gestion du privé l'occasion de subvertir les règles du droit public. Pour autant, contrairement aux idées reçues, le néolibéralisme ne signifie en aucune façon moins d'État ; il appelle au contraire un activisme étatique – ou des instances supranationales comme la Commission européenne – d'une autre nature que celui de l'État social d'après-guerre, consistant à créer et réguler des marchés concurrentiels. Cet impératif de « régulation » a débouché notamment sur la prolifération de formes organisationnelles nouvelles comme les agences, au point que certains politistes ont pu parler d'« agencification » des États occidentaux. En résumé, tant la morphologie de ces derniers que les finalités et les modes de leurs interventions ont été considérablement remaniés.

Ainsi que le remarquent Pierre France et Antoine Vauchez, « la mue libérale et régulatrice de l'État a fait naître un nouveau système de relations collusives marqué par une imbrication étroite et une dépendance mutuelle des grandes entreprises et des grands corps "régulateurs" »[3]. L'on a vu se former un champ hybride de l'intermédiation entre mondes de l'économie, de la politique et de l'administration où s'exerce une « politique de l'influence ». Nous en prendrons deux exemples, pour nous arrêter ici sur l'un d'entre eux : le monde du conseil.

En premier lieu, on a vu se multiplier les lieux d'échanges entre élites économiques, politiques et administratives, tel le « Club des acteurs de la modernisation » étudié par la politiste Julie Gervais[4]. Ce club, créé en 2008 par un patron de presse qui se définit lui-même comme un « entremetteur de la modernisation », organise des petits-déjeuners et des *tea parties* réguliers ou encore, une fois l'an, des « rencontres de la modernisation de l'État », qui sont autant d'occasions pour les grands cabinets de conseil, de grandes entreprises privées, des hauts fonctionnaires, d'anciennes personnalités politiques et des membres de cabinets ministériels d'échanger non seulement leurs analyses sur les transformations conjointes de l'économie et de l'État mais aussi (et peut-être surtout) de nouer des liens qui pourront déboucher sur des contrats ou des « chantiers ».

Deuxième exemple : l'essor de l'activité de conseil en France. L'espace du conseil est à la fois hétérogène et hiérarchisé[5] : à côté des fameux « *Big* » issus du commissariat au compte anglo-saxon, on trouve des cabinets de conseil en stratégie qui ont pour clients les directions générales d'entreprise et les administrations centrales de l'État, mais aussi des cabinets spécialisés dans les systèmes d'information (SSII), en ressources humaines, en marketing et communication (ou relations publiques). Certaines sociétés sont des industries multinationales tandis que d'autres regroupent très peu de personnes et opèrent à un niveau essentiellement national ou local. Pour aller vite, les *Big*, polyvalents et dotés d'une réputation internationale solide, et les cabinets de conseil en stratégie dominent cet espace.

Nous avons mentionné que les multinationales du conseil étaient omniprésentes dans les nombreux cercles de sociabilité et d'échange entre élites privées et publiques. Mais ces cabinets sont eux-mêmes des sas d'incubation et/ou de transition[6]. Y travaillent de jeunes hommes, et plus rarement de jeunes femmes, familialement très proches du monde de l'entreprise, ayant effectué une scolarité brillante au sein d'écoles privées puis de grandes et sélectives écoles de commerce, et qui y complètent leur formation initiale avant de rejoindre des fonctions dirigeantes dans les entreprises (même si certains peuvent y effectuer toute leur carrière et accéder à la position convoitée de *partners*). Ils y côtoient de plus en plus de jeunes et ambitieux polytechniciens et énarques (voire même désormais des normaliens !) qui quittent très précocement le monde de la haute fonction publique où les carrières sont désormais plus lentes, moins attractives et moins rémunératrices. Enfin, on y trouve

3. France P. et Vauchez A., *Sphère publique, intérêts privés. Enquête sur un grand brouillage*, 2017, Paris, Les Presses de Sciences Po.

4. Gervais J., « Les sommets très privés de l'État. Le "Club des acteurs de la modernisation" et l'hybridation des élites », *Actes de la recherche en sciences sociales* 2012, n° 194.

5. Thine S., Lagneau-Ymonet P., Denord F. et Caveng R., « Entreprendre et dominer. Le cas des consultants », *Sociétés contemporaines* 2013, n° 89.

6. *Ibid.*

> Depuis que, au tournant du XXIe siècle, la réforme de l'État est passée en « mode industriel », avec l'acculturation de la très haute fonction publique aux préceptes du *new public management* et la conversion du « souci de soi » de l'État en enjeu politique, les cabinets de conseil sont devenus des acteurs de plus en plus centraux de la fabrique et de la mise en œuvre des politiques publiques.

aussi des énarques plus âgés, passés par les cabinets ministériels, terminant leur carrière dans des cabinets de conseil en stratégie, pour le compte desquels ils monnaient leurs réseaux politiques et administratifs.

Depuis que, au tournant du XXIe siècle, la réforme de l'État est passée en « mode industriel »[7], avec l'acculturation de la très haute fonction publique aux préceptes du *new public management* et la conversion du « souci de soi » de l'État en enjeu politique, les cabinets de conseil sont devenus des acteurs de plus en plus centraux de la fabrique et de la mise en œuvre des politiques publiques[8]. En d'autres termes, les années 2000 voient le cas français perdre de son exceptionnalité et s'aligner sur la configuration anglo-saxonne. La haute administration, par ailleurs de plus en plus poreuse, a perdu son monopole historique d'expertise sur la conduite de l'action publique.

Car il ne faut pas s'y tromper. L'état des rapports de force entre le « public » et le « privé » dans ce nouvel espace d'intermédiation est dissymétrique : « [...] le développement d'un champ de l'intermédiation favorise en somme une forme d'*outsourcing* de l'intérêt général qui bénéficie avant tout aux professionnels de l'influence et aux grands groupes privés. »[9] En effet, les trente dernières années ont été marquées par l'inversion du rapport de force entre élites économiques et élites publiques *lato sensu*. Alors que les secondes avaient eu la prééminence sur les premières depuis la fin de la Seconde Guerre mondiale, désormais les hauts cadres de la fonction publique de même que les hommes politiques en voie de reconversion se dirigent vers le monde des affaires. Les activités de l'industrie, du commerce (parmi lesquelles le conseil) et, bien sûr de la finance, ont vu leur étoile de plus en plus briller tandis que les fonctions publiques et politiques se dépréciaient tant sur le plan symbolique que pratique. Les possibilités de mener une carrière rapide, brillante et lucrative dans le public se sont taries et ne tiennent plus guère la comparaison avec les postes offerts dans le monde économique. Une analyse statistique lourde a récemment mis en évidence l'ascendant retrouvé des élites économiques : « Dans la France contemporaine où, à bien des égards, l'ordre économique se présente comme l'ordre institutionnel dominant, c'est le contrôle des moyens de production qui différencie le plus nettement les élites. »[10] Et plus un agent est intégré à l'ordre économique, plus il occupe une position dominante au sein des « élites » qu'elles soient économiques, administratives, politiques, associatives, médiatiques, etc.

7. Bezès P., *Réinventer l'État*, 2009, Paris, PUF.

8. Gervais J. et Pierru F., "*Management consultants as policy actors*", *in* Halpern C. et a. (dir.), *Policy Analysis in France*, 2018, Palgrave.

9. France P. et Vauchez A., *Sphère publique, intérêts privés*, *op. cit.*

10. Denord F., Lagneau-Ymonet P. et Thine S., « Le champ du pouvoir en France », *Actes de la recherche en sciences sociales* 2011, n° 190, p. 36 ; Denord F. et Lagneau-Ymonet P., *Le concert des puissants*, 2016, Raisons d'agir Éditions.

On mentionnera ici les nombreux risques que le développement d'un tel espace hybride ou interlope, fait peser, non seulement en termes de conflits d'intérêts ou de « capture » des régulateurs publics par les intérêts privés, mais aussi sur le plan démocratique car sa clôture sociale et professionnelle est forte (le coût d'entrée y est élevé). Même la Cour des comptes s'en inquiète et la prolifération des « affaires » récentes atteste que ces risques sont bien réels. Enfin, l'externalisation d'un nombre croissant d'activités, notamment d'expertise, vers le privé affaiblit considérablement la capacité des pouvoirs publics, nationaux et locaux, à discuter d'égal à égal avec les sous-traitants, par exemple dans le cas des fameux partenariats public-privé. Ces risques ne sont d'ailleurs pas seulement nationaux : ils sont étroitement connectés avec des dynamiques homologues observables au niveau européen[11].

La consultocratie, cheval de Troie de l'État hospitalier[12]

Le secteur hospitalier a été affecté plus tardivement que d'autres secteurs d'action publique, historiquement liés aux nationalisations, par l'irruption massive des consultants. Si des cabinets de conseil, souvent « franco-français », de taille modeste (Bossard Consultants, racheté en 1997 par Capgemini) et/ou spécialisés (Sanesco), interviennent depuis trente ans dans un secteur hospitalier en réforme permanente, notamment pour aider les établissements à construire leur projet d'établissement (calqué sur le projet d'entreprise), les années 2000 ont vu s'opérer un saut à la fois quantitatif et qualitatif[13].

> Cette conversion du champ hospitalier à la consultance est d'abord une conséquence de la transformation des politiques publiques : accélération des restructurations hospitalières à partir de la seconde moitié des années quatre-vingt-dix, durcissement de la maîtrise des dépenses hospitalières conduisant à la recherche de gains de productivité et, partant, volonté des pouvoirs publics d'industrialiser les prises en charge hospitalière, souci de « l'État hospitalier » d'affermir son gouvernement à distance des établissements hospitaliers.

11. Laurens S., *Les courtiers du capitalisme. Milieux d'affaires et bureaucraties à Bruxelles*, 2015, Marseille, Agone.

12. Nous reprenons partiellement dans cette partie les développements de notre article coécrit avec Nicolas Belorgey, « Une "consultocratie" hospitalière ? Les consultants courtiers de la réforme du système de santé », *Les Tribunes de la santé* 2017, n° 55.

13. Pour un récit « indigène », voir Georges-Picot A., « Les consultants ont-ils fait évoluer le management à l'hôpital ? », *Gestions hospitalières* 2016, n° 554.

Quantitatif : l'artisanat laisse place à l'industrie du conseil. Qualitatif : l'intervention des consultants se diversifie. Cette conversion du champ hospitalier à la consultance est d'abord une conséquence de la transformation des politiques publiques hospitalières : accélération des restructurations à partir de la seconde moitié des années quatre-vingt-dix, durcissement de la maîtrise des dépenses hospitalières conduisant à la recherche de gains de productivité et, partant, volonté des pouvoirs publics d'industrialiser les prises en charge hospitalières, souci de « l'État hospitalier »[14] d'affermir son gouvernement à distance des établissements hospitaliers. Le sociologue Nicolas Belorgey a très finement décrit l'émergence de la consultocratie à l'hôpital[15]. Le « plan Hôpital 2007 », élaboré en 2003, peut figurer comme point de départ. Ses objectifs sont triples : rénover le parc hospitalier, très vétuste, *via* des PPP ; commencer la tarification à l'activité (T2A) appelée à se substituer en cinq années à la dotation globale de financement pour tout ce qui relève du financement de la médecine, de la chirurgie et de l'obstétrique ; instaurer une « nouvelle gouvernance » hospitalière faisant des pôles médico-gestionnaires les cellules de base des organisations hospitalières. Afin de faciliter la mise en œuvre de cette réforme d'ampleur est mise sur pied la Mission nationale d'expertise et d'audit hospitalier (MEAH), structure souple comportant très peu de fonctionnaires et faisant appel massivement à des consultants recrutés sur appel d'offres. Une quinzaine de chantiers, chacun comportant trois vagues (« pilote », « approfondissement » et « déploiement ») sont lancés, que les établissements peuvent rallier sur la base du volontariat (du moins en théorie) : blocs opératoires, dossier du patient, « centres 15 », temps d'attente et de passage aux urgences, temps de travail des soignants, comptabilité analytique hospitalière, etc. L'analyse de la place de la MEAH dans la division du travail administratif, mêlant continuité et innovation est éclairante : « Contrairement à une administration classique, elle [la MEAH] n'intervient pas directement sur ses administrés. Elle externalise cette fonction de contrôle à des auditeurs privés. En outre, elle tente d'opérer une évaluation financière détaillée de son action, un peu sur le mode d'une comptabilité analytique. En revanche, elle n'est pas très originale en ce qui concerne les relations entre les tutelles, particulièrement le ministère, et les établissements de soin. Il s'agit toujours de faire accepter aux seconds la volonté du premier. [...] Ainsi, l'externalisation de la fonction de contrôle n'empêche pas une étatisation accrue de la délivrance des soins, bien au contraire.»[16] Autrement dit, à travers les consultants, l'État hospitalier central cherche à « gouverner sans en avoir l'air » des établissements qui, historiquement, ont toujours cherché à contourner ses injonctions. En outre, le sociologue souligne l'évolution de la stratégie rhétorique de cette agence afin de neutraliser les résistances soignantes : initialement focalisée sur l'identification et la mobilisation de gains de productivité, elle pousse ses consultants à investir très rapidement le discours de la « qualité » des soins, beaucoup plus recevable par les mondes professionnels.

14. Gay R., *L'État hospitalier : réformes hospitalières et formation d'une administration spécialisée en France : (années 1960-années 2000)*, thèse pour le doctorat de Sciences Politiques, 2018, Grenoble.

15. Belorgey N., *L'hôpital sous pression. Enquête sur le nouveau management public*, 2010, Paris, La Découverte.

16. *Ibid.*, p. 52.

Ce premier moment d'acclimatation du monde de la consultance à l'hôpital va être amplifié dans les années suivantes. L'acclimatation du « management par la performance » et de ses batteries d'indicateurs permet alors à des firmes comme McKinsey-Accenture, Capgemini-Boston Consulting Group ou encore Ernst & Young de décrocher de juteux contrats dans le cadre des « audits de modernisation » mis sur pied à partir de 2006 : ces derniers associent étroitement consultants et très hauts fonctionnaires (des finances, en particulier). Le lancement en 2007 de la révision générale des politiques publiques consacre la position que les consultants ont conquise au cœur de la réforme de l'État. Le chef d'orchestre qu'est la Direction générale de la modernisation de l'État (DGME) est, de façon symptomatique, confiée François-Daniel Migeon, X-Ponts passé par McKinsey dont il a été « *associate partner* » pendant huit années. Depuis les années 2000 donc, l'intervention des consultants dans les réorganisations des services publics est devenue courante, pour ne pas dire banale. La Modernisation de l'action publique (MAP), qui a succédé à la RGPP, s'inscrit de ce point de vue dans la continuité du quinquennat de Nicolas Sarkozy.

Les grands cabinets de conseil ont ainsi joué un rôle clé dans la réforme dite « Hôpital, patients, santé, territoires » (HPST), laquelle s'est retrouvée « annexée » au dispositif RGPP. La MEAH s'est retrouvée fusionnée dans une nouvelle Agence nationale d'appui à la performance (ANAP), placée directement – et de façon très symbolique – sous la tutelle des ministères de la Santé et du Budget. Cette nouvelle agence reprend le dispositif de la MEAH mais cette fois dans un cadre beaucoup plus vertical et contraignant du point de vue des établissements. Il faut dire que la montée en charge de la T2A a fait plonger dans le rouge les finances de nombreux établissements, en particulier les plus grands d'entre eux (les CHU), et qu'après 2010, la réduction des déficits publics est en haut de l'agenda gouvernemental. L'alternance de 2012 accentue la pression budgétaire : l'heure est plus que jamais aux gains de productivité et, en cette matière, les cabinets de conseil sont présumés bénéficier d'une expertise incontestable. L'ANAP évite de recourir aux nombreux petits cabinets spécialisés dans la santé[17], jugés « peu compétents », leur préférant pour ses chantiers des grands cabinets ayant l'habitude de travailler pour l'industrie, telle la filiale consulting d'Air France pour la « modernisation » des services de radiothérapie. L'agence a donc pour principaux interlocuteurs quelques firmes internationales de conseil : Deloitte, le Boston Consulting Group, Kurt/Salmon (anciennement Ineum Consulting) et McKinsey. Néanmoins, ces grands cabinets de conseil sous-traitent, en pratique, nombre de leurs activités « santé » à de petits cabinets spécialisés.

17. Georges-Picot A., « Les cabinets de conseil et la réforme de la santé en France », *Sociologies pratiques* 2002, n° 6.

> Les moyens insuffisants d'un État sanitaire « sous-administré » aurait donc contraint à sous-traiter une partie du travail à des cabinets de conseil, en l'occurrence le Boston Consulting Group pour la stratégie et CapGemini pour la logistique, deux cabinets ayant l'habitude de travailler avec la Direction générale à la modernisation de l'État (DGME) pour le compte de la RGPP.

Cependant, la présence des consultants ne limite plus à la réorganisation des établissements hospitaliers : elle s'étend désormais à leurs tutelles appelées à fusionner au sein de nouvelles agences régionales de santé (ARS)[18]. Suite au rapport rédigé à leur sujet dans le cadre de la RGPP a été mis en place un « groupe de projet » visant à opérationnaliser les options retenues[19]. Son chef, le nouveau secrétaire général du ministère des Affaires sociales recruté pour l'occasion, Jean-Marie Bertrand, explique que le recours aux consultants a été « dicté par la nécessité car il fallait aller vite, avec seulement une dizaine de personnes disponibles au sein du secrétariat général pour travailler sur ce chantier de grande ampleur, avec une grosse construction GRH puisque les ARS ont pour vocation de réunir des personnels de statut public et de droit privé. » Ce que confirme, en des termes moins euphémisés, une directrice générale adjointe d'ARS : « L'équipe de Bertrand était tellement pauvre en moyens matériels que Capgemini leur faisait le secrétariat ! Ils étaient très dépendants en fait. » Les moyens insuffisants d'un État sanitaire « sous-administré » auraient donc contraint donc à sous-traiter une partie du travail à des cabinets de conseil, en l'occurrence le Boston Consulting Group pour la stratégie et Capgemini pour la logistique, deux cabinets ayant l'habitude de travailler avec la Direction générale à la modernisation de l'État (DGME) pour le compte de la RGPP. Cette faiblesse en matière de ressources humaines, source de la dépendance à l'endroit des cabinets de conseil, est aussi la conséquence des réticences des administrations centrales à mettre à disposition les compétences nécessaires à l'élaboration d'un nouveau format administratif qu'elles ne voyaient pas forcément d'un bon œil.

Certains consultants ont été sollicités pour leur expérience et leur carnet d'adresses dans le secteur. Le chef de projet ARS sollicite, par exemple, Agnès Audier qui, diplômée de l'IEP Paris, normalienne (Ulm) et ingénieure au corps des Mines, a effectué de nombreux allers et retours entre des postes politico-administratifs et le secteur privé (compagnie financière Edmond de Rothschild, Vivendi, Havas, etc.) avant son recrutement en 2007 en tant que directeur associé au Boston Consulting Group, cabinet de conseil très impliqué dans l'élaboration du programme du candidat Nicolas Sarkozy. Agnès Audier ainsi a capitalisé une expérience et un réseau lors de son passage, comme conseiller technique, dans les cabinets des ministres des Affaires sociales et de la Santé entre 1993 et 1995.

18. Pour plus de détails, voir Pierru F., « Le mandarin, le gestionnaire et le consultant. Le tournant néolibéral de la politique hospitalière », *Actes de la recherche en sciences sociales* 2012, n° 194.

19. Mentionnons que le conseiller technique en charge du dossier ARS au cabinet de Mme Roselyne Bachelot était issu lui-même de McKinsey où il est d'ailleurs retourné après l'adoption de la loi.

D'autres firmes sont, par contre, sollicitées pour leurs savoir-faire généralistes et « tout terrain ». Pour le secrétaire général du ministère, cherchant peut-être à faire de nécessité vertu, l'intérêt d'un cabinet comme Capgemini est ainsi sa « polyvalence » : il permet d'accéder à un « package » de compétences en matière de systèmes d'information, de GRH et de conduite de projet, autant de domaines où celles de l'administration « classique » laisseraient grandement à désirer. Les entretiens réalisés avec d'autres membres de l'équipe et certaines directions générales préfiguratrices en région ont souligné le caractère assez formel de l'intervention de ce type de consultants par ailleurs enclins à « inonder » les directions régionales en cours de constitution en documents divers (diaporamas, guides méthodologiques, etc.). L'impact de l'intervention des cabinets de conseil sur les réformes se révèle finalement difficile à apprécier : est-il purement formel ou bien, au contraire, par le biais de leurs outils méthodologiques, les consultants parviennent-ils à infléchir le fond ? Difficile de trancher d'une façon générale.

Aussi, la présence de très nombreux consultants est loin de faire l'unanimité. Leur plus-value est souvent mise en cause, notamment rapportée au prix de leurs services, par les hauts fonctionnaires du secteur. L'un des principaux artisans du groupe projet ARS distingue volontiers ceux qui connaissent le monde de la santé des autres, dont l'apport est ténu même s'ils font de « beaux powerpoints, et que c'est utile les powerpoints ». Ainsi, bien qu'ils se présentent comme apportant des méthodes radicalement nouvelles et non hiérarchiques, en pratique les consultants s'insèrent surtout dans une division préexistante du travail administratif, en faisant travailler les agents qui s'y trouvent placés au-dessous d'eux dans le sens voulu par leurs donneurs d'ordre[20].

Malgré les réticences et critiques dont elle a été l'objet de la part de certains hauts fonctionnaires, la sollicitation des consultants lors de la phase d'élaboration et de mise sur pied des ARS a été confirmée avec la décision du chef de projet de recourir à un fameux cabinet de recrutement parisien (Salmon & Partners) pour sélectionner les candidats au poste de « préfigurateur » – directeur général – d'ARS : une petite annonce est alors rédigée et publiée dans *Le Monde* et *Le Figaro*, qui n'exige aucune connaissance spécifique du secteur de la santé au profit d'une expérience managériale de haut niveau, que celle-ci ait été acquise dans le public ou le privé. Si la sélection finale, faite par un comité *ad hoc* présidé par l'ex-PDG de Peugeot SA, s'est révélée assez prévisible – un peu moins des deux tiers des préfigurateurs viennent de l'État, un quart de l'Assurance maladie, seuls deux d'entre eux viennent du secteur privé[21] –, du fait des

20. Belorgey N., *L'hôpital sous pression*, *op. cit.*

21. En réalité, un seul a une trajectoire qui s'est faite exclusivement dans le privé (la Générale de santé puis la fondation Rothschild), l'autre étant un X-Mines passé par les cabinets ministériels et l'industrie agro-alimentaire.

susceptibilités à ménager dans une phase critique de création institutionnelle, le recours à un cabinet de recrutement « très pro » a permis d'écarter des individus lacunaires sur le plan technique mais poussés par les acteurs politiques. Il a, en d'autres termes, servi à dépolitiser, dans une certaine mesure, le recrutement des premiers directeurs généraux.

La réforme HPST a consacré la montée en puissance des multinationales du conseil, déjà amorcée avec l'adoption de la T2A et la création de missions d'appui du type de la MEAH : désormais étroitement associées à l'élaboration des réformes, les grandes firmes généralistes et internationales du conseil en profitent pour s'ouvrir des marchés en aval, dans la phase de mise en œuvre des réformes, selon une logique d'auto-consolidation.

Une dynamique d'auto-renforcement de la consultocratie hospitalière

La montée en puissance des consultants dans un secteur hospitalier en réforme permanente est donc en partie explicable par la reconfiguration plus générale des relations entre secteur privé et secteur public, depuis les années 2000. En un sens, la sous-traitance d'une partie des réformes aux grands cabinets de conseil est devenue un réflexe chez des élites étatiques qui elles-mêmes sont de plus en plus porteuses d'un ethos économique (dans les grands corps, il n'est plus rare de cumuler une scolarité à l'ENA et dans une *business school* type HEC, sans parler des pratiques de pantouflage). Cependant, une fois enclenchée, cette dynamique s'alimente d'elle-même.

L'accent mis par les pouvoirs publics sur « l'innovation » à l'hôpital constitue une illustration exemplaire de cette tendance. « L'Innovation », désormais célébrée à longueur de discours ministériels et administratifs, est comme Janus : à la fois générateur de surcoûts appelant à redoubler les efforts de rationalisation de l'organisation hospitalière (par exemple, en optimisant l'utilisation des blocs opératoires et des plateaux techniques) et facteur de croissance et de compétitivité de l'économie française[22]. « À l'image de la médecine de ville, les hôpitaux, publics comme privés, devront nécessairement se saisir des outils du numérique pour proposer des services plus performants et efficients, écrivent deux "experts" écoutés des décideurs [...] Le monde des start-up est en ordre de bataille pour accompagner les hôpitaux dans leur révolution digitale. Les outils proposés sont de plus en plus performants et couvrent une grande diversité de fonctions. Il s'agit à la fois d'améliorer la gestion des flux de patients, le suivi médical à distance, la communication des équipes, l'information et l'éducation des patients ou encore l'organisation administrative des établissements. »[23] Dans les deux cas, la redéfinition de la place et de l'activité de l'hôpital dans l'offre de soins dans les années à venir conduit à expulser l'hôpital de son extra-territorialité par rapport au monde économique. Dit autrement, la porosité des frontières entre industries, sociétés de conseil et établissements hospitaliers est appelée à s'accentuer. Partant, les consultants y seront des acteurs de plus en plus incontournables même si leur (coûteuse) présence est fortement contestée par des soignants qui doivent faire face à la baisse de leurs effectifs et à la dégradation de leurs conditions de travail.

22. Juven P.-A., Pierru F. et Vincent F., *Pire que le mal. Réformes et faillites de l'hôpital*, *op. cit.*, chap. 4.

23. Marques C. et Bouzou N., « Hôpital : libérer l'innovation », *Note de la Fondation pour l'innovation politique* févr. 2017.

La démocratie participative, un marché de plus en plus concurrentiel

La participation des citoyens, des habitants ou encore des usagers est devenue aujourd'hui un point de passage obligé de l'action publique locale. Depuis le début des années quatre-vingt-dix, la démocratie participative ne s'est pas seulement professionnalisée, elle est devenue un véritable marché. Des consultants aux profils divers se sont multipliés proposant des prestations et des activités à la carte pour « faire de la démocratie participative ».

Par **Alice Mazeaud**, maîtresse de conférences en sciences politiques, Littoral environnement et sociétés (LIENSs), université de La Rochelle, et **Magali Nonjon**, maîtresse de conférences en sciences politiques, laboratoire CHERPA, Sciences Po Aix

RÉSUMÉ

La démocratie participative est dans l'air du temps. Elle n'est plus seulement une cause défendue par les militants des luttes urbaines ou écologistes ou un projet politique porté par des acteurs souhaitant changer la vi(ll)e, elle est aussi devenue un marché. En France, ce marché du conseil spécialisé dans la conception, l'animation et l'évaluation des dispositifs de participation est principalement structuré par la commande publique locale. Depuis le début des années 2000, on a assisté à la constitution d'administrations dédiées à la participation citoyenne mais également à l'augmentation et à la diversification des profils des consultants. Le marché est ainsi de plus en plus segmenté et concurrentiel. Comme tout marché, il obéit à des logiques structurelles : il a besoin de croître en développant de nouveaux besoins, il est structuré par des règles de concurrence et de rationalisation des coûts, et des logiques de standardisation/différenciation.

> Les prestataires forment un univers nébuleux, particulièrement fragmenté et concurrentiel. Alors que les premiers consultants spécialisés dans la participation des habitants étaient peu nombreux et directement issus des luttes urbaines des années soixante-soixante-dix, on assiste depuis le début des années 2000 à une augmentation très nette du nombre de prestataires positionnés sur le marché, et surtout à une forte diversification des profils.

La démocratie participative est dans l'air du temps. Les discours et les dispositifs valorisant la participation des citoyens, usagers, habitants se sont multipliés avec parfois une imagination sans limite : forums citoyens, budgets participatifs, débats publics, *civic tech*, cartographies participatives, balades urbaines, etc. Le développement exponentiel de ces expérimentations participatives parfois réduites à de simples applications numériques ou techniques de gestion des prises de parole rappelle qu'aujourd'hui la démocratie participative n'est plus seulement une cause défendue par les militants des luttes urbaines ou écologistes qui réclamaient une place à la table des discussions et des négociations. Elle n'est plus non plus seulement un projet politique porté par des acteurs souhaitant changer la vi(ll)e. La participation citoyenne est devenue une obligation légale, notamment dans le domaine de l'aménagement urbain et la vie des quartiers. Elle est un totem valorisé par les élus locaux en quête de légitimité mais aussi un ensemble de méthodes disponibles censées répondre à des problèmes toujours plus divers et parfois contradictoires : moderniser l'administration et améliorer l'efficacité de l'action publique, favoriser l'inclusion sociale et renforcer le lien social, restaurer la confiance dans les représentants, renforcer la confiance des citoyens.

Un marché au double sens du terme

Faire participer est ainsi devenu un point de passage obligé de l'action publique notamment locale. Elle s'incarne dans des règles juridiques, des appels d'offre fléchés en matière de prestations intellectuelles sur le domaine de l'expertise participative, des fiches de poste. Aussi, et c'est sans doute l'une de ses dimensions les plus marquantes, la gestion de cette offre publique de participation est aujourd'hui de plus en plus professionnalisée. Une nébuleuse de professionnels chargés de la faire vivre, d'animer ou encore de l'évaluer s'est constituée et consolidée depuis le début des années quatre-vingt-dix. L'amateurisme est d'ailleurs érigé en figure repoussoir. L'idée selon laquelle « la participation ne s'improvise pas » ne fait plus débat. Pour mettre en œuvre la participation, il faut aujourd'hui recourir à des méthodes et des procédures éprouvées par des professionnels formés et reconnus. L'explosion des formations qualifiantes professionnelles et universitaires sur le domaine de la participation citoyenne le rappelle. Si nombre de ces professionnels vivent pour la participation citoyenne, au sens où ils y déploient un sens militant, ils vivent aussi de la participation : leur emploi et/ou leur rémunération en dépend. Aussi, la démocratie participative ne s'est pas seulement professionnalisée, elle est devenue un marché[1].

1. Mazeaud A. et Nonjon M., *Le marché de la démocratie participative*, 2018, Vulaines-sur-Seine, Éditions Du croquant.

Ce marché peut s'entendre dans un sens métaphorique : les élus locaux et leurs équipes déploient des trésors d'énergie et d'imagination pour innover, se démarquer, et se distinguer sur le marché des territoires dans une course au mieux disant participatif. Mais ce marché peut aussi s'entendre dans un sens économique : des biens et des services participatifs s'échangent contre rémunération dans un jeu de l'offre et de la demande entre prestataires et commanditaires.

En effet, et même si cela peut paraître de prime abord surprenant, la démocratie participative n'échappe pas au processus d'externalisation observable dans la plupart des secteurs de l'action publique. Il existe un marché du conseil spécialisé dans la conception, l'animation et l'évaluation des dispositifs de participation. En France, ce marché est principalement structuré par la commande publique locale. Les collectivités territoriales sont les principales organisatrices de dispositifs participatifs. En témoigne, depuis les années 2000, la création d'administrations dédiées à la participation citoyenne dans les grandes agglomérations (Paris, Lyon, Nantes, Bordeaux, Strasbourg, Lille, Grenoble, etc.) comme dans des plus petites communes (Feyzin, Saillans, Niort, La-Roche-sur-Yon, etc.). Les chargés de mission dont les dénominations fluctuent (démocratie locale, participation des citoyens et vie associative, démocratie de proximité, etc.) mais dont l'activité intègre une dimension participative sont encore plus nombreux. En dépit des compétences dont les collectivités disposent désormais, ces dernières font régulièrement appel à des consultants pour des compétences ou des ressources humaines complémentaires ou pour une expertise indépendante destinée à sécuriser le déroulement du processus participatif. Ainsi, dans les faits la commande publique a cru en même temps que les administrations. Cette commande publique locale structure largement le marché de la participation, et les professionnels en sont globalement dépendants. Aussi s'efforcent-ils d'entretenir, voire de créer, la demande de leurs commanditaires potentiels en mettant l'accent sur la force de la demande sociale de participation (*via*, par exemple, la publication de sondages ou de baromètre), sur l'importance du respect de règles procédurales ou encore sur les multiples innovations disponibles. Comme tout marché, ce marché du conseil en expertise participative obéit à des logiques structurelles : il a besoin de croître en développant de nouveaux besoins, il est aussi structuré par des règles de concurrence et de rationalisation des coûts. Pour rendre compte de ce marché de la démocratie participative, on peut souligner deux éléments : d'une part, on a assisté à une augmentation et à une diversification des profils des consultants et d'autre part, il n'existe pas un mais des marchés très segmentés et plus ou moins concurrentiels.

> Au-delà des profils, les prestations et activités proposées par ces consultants sont également foisonnantes, suggérant l'existence d'une « participation à la carte » répondant à toutes sortes de situations dans lesquelles les commanditaires potentiels pourraient se trouver : « proposer en amont du projet de réaliser une radiographie du contexte, des impacts et des enjeux du futur aménagement » ; « connaître les besoins et évaluer la satisfaction des habitants » ; « mettre en place des outils de communication citoyenne » ; « former des modérateurs de discussion ».

Une diversification des profils des consultants

Les marchés publics dédiés à l'expertise participative sont passés par des commanditaires aux profils divers (communes, intercommunalités, conseils généraux et régionaux, grandes entreprises d'aménagement, services déconcentrés de l'État, etc.) sur des segments d'action publique également nombreux (environnement et développement durable, grands projets d'aménagement, aménagement urbain, politique de la ville et renouvellement urbain, projets de déplacement urbain et de transports, projets de territoire et de prospective, ou encore sur le segment de l'innovation participative). Les commanditaires sont principalement des collectivités locales (environ 80 % des marchés). Toutefois, les marchés les plus importants émanent souvent des grands maîtres d'ouvrage dans le cadre de la procédure du débat public de la Commission nationale du débat public (CNDP). Les montants des marchés varient très fortement selon le commanditaire, la durée du marché et le type de prestations attendues : les marchés repérés vont ainsi de quelques milliers d'euros (création de panneaux d'information et organisation de réunions publiques pour la révision d'un plan local d'urbanisme d'une petite commune) à un million d'euros pour un marché global d'assistance dans le cadre d'un débat public CNDP. Ces derniers sont de très gros marchés (plusieurs centaines de milliers d'euros) mais ils sont très peu nombreux (une dizaine par an même si le nombre tend à augmenter en raison de la réforme de la procédure). Pour ce qui concerne le marché lié aux collectivités locales, on peut repérer des commandes publiques directement liées à la mise en œuvre d'obligations légales (conseils citoyens, Plan climat énergie et territoires, etc.) et d'autres qui correspondent à des expérimentations volontaires (budget participatif, jury citoyen, etc.).

Les prestataires forment un univers nébuleux, particulièrement fragmenté et concurrentiel. Alors que les premiers consultants spécialisés dans la participation des habitants étaient peu nombreux et directement issus des luttes urbaines des années soixante-soixante-dix, on assiste depuis le début des années 2000 à une augmentation très nette du nombre de prestataires positionnés sur le marché, et surtout à une forte diversification des profils. Plusieurs segments d'activités professionnelles ont en effet trouvé un intérêt à investir la participation. Dans les années quatre-vingt-dix, les communicants publics vont, par exemple, se construire une expertise en matière de participation pour légitimer leur existence. Aujourd'hui, on retrouve sur le marché de l'expertise participative toute une kyrielle de consultants dont le rapport à la participation peut être parfois très distant (conseil en management, intelligence collective, développement personnel, bureau d'ingénierie, etc.). Au sein de la nébuleuse participative co-existent ainsi des consultants aux profils variés : anciens travailleurs sociaux ou chefs de projet politique de la ville, architectes, urbanistes, conseillers en communication ou en management, consultants-chercheurs, etc. Leurs structures d'activités sont tout aussi disparates : cabinets de conseil, sociétés coopératives ou encore associations. Au-delà des profils, les prestations et activités proposées par ces consultants sont également foisonnantes, suggérant l'existence d'une « participation à la carte » répondant à toutes sortes de situations dans lesquelles les commanditaires potentiels pourraient se trouver : « proposer en amont du projet de réaliser une radiographie du contexte, des impacts et des enjeux du futur aménagement » ; « connaître les besoins et évaluer la satisfaction des habitants » ; « mettre en place des outils de communication citoyenne » ; « former des modérateurs de discussion ». Toutes ces prestations sont l'occasion de développer des outils participatifs très diverses : baromètres de la concertation, atelier de travail urbain, balade urbaine, conférences de citoyens, etc.

Au sein de cette nébuleuse, on peut distinguer deux catégories d'acteurs : des spécialistes de la participation qui affrontent de plus en plus souvent la concurrence de professionnels d'autres secteurs qui ont fait le choix de la diversification en investissant ce marché. Ces professionnels présentent des caractéristiques distinctes. Les spécialistes de la participation sont principalement des militants qui se sont professionnalisés, organisés en cabinet de conseil de moins de 10 salariés et présentant un fort capital académique (40 % de docteurs). Ils sont proportionnellement peu nombreux (pas plus d'une trentaine de structures de conseils revendiquent cette étiquette). Chez les non-spécialistes, on retrouve des petites structures de conseil issues d'horizon divers mais aussi de gros bureaux d'études en ingénierie, des agences de communication ou de conseil en management qui n'ont le plus souvent pas besoin de justifier leur expertise participative. Il est ainsi particulièrement difficile d'évaluer aujourd'hui le nombre de consultants qui vivent de la participation. Cette diversification des profils sur le marché de l'expertise participative rappelle également combien les prestations vendues autour du « comment faire participer » se sont banalisées. L'analyse des marchés publics passés sur cette thématique suggère d'ailleurs que les spécialistes de la participation sont loin d'être en situation de monopole, bien au contraire.

Des marchés très segmentés et plus ou moins concurrentiels

La participation est loin de former un marché unifié, les marchés sont plus ou moins concurrentiels. Le marché du débat public apparaît ainsi comme un marché très fermé : on ne dénombre qu'une dizaine de marchés par an, dont le montant est souvent supérieur à plusieurs centaines de milliers d'euros, et sur lequel seuls quelques prestataires sont positionnés. À l'inverse, le marché de l'aménagement urbain est beaucoup plus ouvert et concurrentiel : les marchés sont beaucoup plus nombreux, les prestations et les prix varient fortement et ils sont ouverts à la concurrence des consultants spécialisés, des bureaux d'études en ingénierie, des agences de communication, etc. Seuls les prestataires les plus dotés et les plus reconnus peuvent circuler d'un espace à l'autre, et donc être positionnés sur les différents segments de marchés. En revanche, tous sont contraints par les effets de la concurrence.

> « La démocratie participative est devenue un standard de l'action publique, un objet courant, ordinaire conforme à des normes de fabrication en grande série et soumis aux effets de la concurrence et des processus de rationalisation des conditions et des coûts de production.

Ainsi le marché de la participation citoyenne alimente des dynamiques de différenciation et de standardisation. D'un côté, les processus participatifs sont soumis aux lois d'un jeu de l'innovation permanente : en matière de participation citoyenne, il est toujours possible d'être le premier de quelque chose ! Et pour maintenir, ou gagner, des positions sur leur marché de la participation, prestataires et commanditaires doivent marquer leur différence et faire reconnaître l'excellence de leurs pratiques. De l'autre, des puissants effets de standardisation se font sentir. C'est là un effet mécanique du marché. L'impératif concurrentiel accroît l'enjeu de la rationalisation du travail et de la diminution des coûts au sein même de l'espace professionnel qui s'est aujourd'hui spécialisé dans l'assistance à maîtrise d'ouvrage sur les enjeux de participation et de concertation citoyenne. Ainsi, certaines prestations d'expertise participative ont subi les effets du passage en série (industrialisation de la prestation, extrême rationalisation des tâches à accomplir, recherche de gains de productivité, usage du « copier-coller ») ce qui tend à donner l'impression qu'en matière de participation « tout le monde fait la même chose ».

La démocratie participative est devenue un standard de l'action publique, un objet courant, ordinaire conformes à des normes de fabrication en grande série et soumis aux effets de la concurrence et des processus de rationalisation des conditions et des coûts de production. Son développement et son institutionnalisation sont ainsi moins le signe d'une conversion des élus et des élites aux vertus de la démocratie participative que celui de la disponibilité, à moindre coût, des procédures participatives. Les procédures sont donc de plus en plus dissociées des finalités politiques. Le cas des civic tech est assez emblématique de ces mécanismes dans lesquels sont confondus de simples applications numériques à dimensions managériales et des outils numériques visant à transformer la démocratie et ses institutions. La diffusion de la norme participative doit en effet beaucoup à sa flexibilité qui permet des appropriations multiples et différenciées. On comprend ainsi que sa diffusion traduit moins la conversion des acteurs aux vertus de la participation citoyenne que la disponibilité des procédures participatives supposées répondre à des enjeux toujours plus variés.

Expertise d'État et pluralité des savoirs

Intégrée à l'appareil d'État, l'expertise publique a longtemps été profondément administrative. Au tournant des années quatre-vingt, elle s'est externalisée pour répondre aux crises, les cabinets de conseil jouant un rôle de premier plan pour accompagner la transformation de l'État. Aujourd'hui, face à la défiance et à la crise de l'expertise, France Stratégie recommande, dans un rapport publié en décembre 2018 « Expertise et démocratie : faire avec la défiance », de mieux prendre en compte la production diversifiée de connaissances et d'incorporer les paroles défiantes.

Par **Daniel Agacinski**, chef de projet au département Société et politiques sociales de France Stratégie

RÉSUMÉ

Dire que l'expertise au service de l'action publique a longtemps été, en France, centralisée et située auprès de l'exécutif n'est pas dresser un constat nouveau. Il est cependant intéressant de retracer les différentes étapes de l'ouverture et de l'externalisation de cette expertise, au cours des dernières décennies, pour comprendre à quels impératifs elles ont répondu et quelles transformations ambivalentes elles ont apporté.

Face aux crises sanitaires, et sous l'impulsion du fonctionnement des instances européennes, le modèle français d'expertise publique s'est profondément transformé en s'éloignant progressivement de l'idéal originel d'un expert en surplomb, au service de l'État et de l'intérêt général, pour accorder une place grandissante à l'expression des savoirs issus des parties prenantes. Cela suffit-il à assurer la représentation d'une pluralité d'approches, d'intérêts, d'une diversité de sensibilités ? Il semble au contraire, que les citoyens aient plus que jamais le sentiment d'entendre « toujours les mêmes » se prévaloir de leurs connaissances pour peser dans le débat public.

Sur cette base, France Stratégie, dans le rapport « Expertise et démocratie : faire avec la défiance », paru au mois de décembre 2018, invite, non pas à recentraliser l'expertise dans les mains de l'État, mais à engager un travail d'incorporation, au sein même des instances d'expertise, des manifestations de défiance qu'elles rencontrent aujourd'hui.

> La fin des Trente Glorieuses marque le début d'une longue série d'externalisations de la fonction d'expertise au service de l'action publique.

« Dis-moi quelles connaissances tu utilises, je te dirai comment tu comptes gouverner. » L'expertise, parce qu'elle consiste à doter un décideur des savoirs dont il estime avoir besoin, peut constituer un puissant révélateur de la façon dont un pouvoir appréhende la réalité dont il s'occupe ; en d'autres termes, ce que tel acteur cherche à voir, ou à savoir, nous en dit beaucoup sur ce qu'il cherche à faire.

C'est à partir de cette grille de lecture que l'on propose d'analyser le rapport que le pouvoir politique entretient, en France, à la diversité des modalités de connaissance du monde social, et d'interpréter certaines de ses évolutions récentes. Cette démarche s'inscrit ainsi dans le droit fil des travaux, initiés notamment par Michel Foucault, qui retracent l'histoire de la mobilisation des savoirs par les pouvoirs.

Des savoirs d'État historiquement centralisés

Au fil des siècles s'est constitué un appareil de connaissances pratiques à l'usage et à la main de l'État, en vue d'affirmer sa souveraineté, portant d'abord sur le territoire, ses frontières et ses caractéristiques, avec le développement de la cartographie et de la géographie sous l'Ancien Régime ; ce mouvement se traduit aussi, dès les XVIIe et XVIIIe siècles, par la fondation des « académies », qui œuvrent à la fois comme organe de régulation des pratiques scientifiques et comme interface entre les savants et le pouvoir politique, et par la création de corps techniques de fonctionnaires qui, à l'image de celui des ingénieurs des ponts et chaussées, créé en 1716, portent les savoirs d'intérêt public au sein même de l'État.

Au XIXe siècle on assiste à une évolution conjointe de la sphère d'intervention de la puissance publique et de ses outils de connaissance : l'appréhension des habitants d'un territoire comme une « population » passe ainsi à la fois par la mise en œuvre des premières politiques vaccinales (d'abord contre la variole) et par les premières fondations de la statistique publique ; plus tard, c'est l'émergence des services publics qui, en France, fera naître au sein de l'État une expertise portant spécifiquement sur les réseaux de différentes natures (électricité, traitement des eaux, chemin de fer, transports urbains, etc.).

Mais c'est largement au sortir de la Seconde Guerre mondiale que voient le jour les institutions qui structurent encore aujourd'hui le fonctionnement de l'expertise au service de l'action publique. Face au double défi de la reconstruction du pays et de l'édification de l'État-providence, l'École nationale d'administration (ENA), le commissariat général du plan et l'Institut national des statistiques et des études économiques (Insee) sont créés entre 1945 et 1946. Les principaux acteurs de la sphère publique se dotent à ce moment d'outils de formation et d'information communs et essentiellement généralistes, reposant principalement sur des savoirs juridiques et statistiques.

Quand les experts de l'État planifiaient la croissance

La France se distingue ainsi de nombreux autres pays en sortant de l'orbite de l'Université la formation de ses élites, notamment administratives, et en instituant ainsi une culture commune, séparée, partagée par les décideurs publics. Ce système, qui assoit sa légitimité sur le dévouement des fonctionnaires au service de l'intérêt général et sur l'efficacité des résultats qu'il obtient, connaît son apogée au cours des Trente Glorieuses, caractérisées par un dynamisme économique sans précédent et par une large amélioration des conditions de vie, de confort, d'accès aux biens et aux services pour les Français. L'expansion crée ainsi les conditions de la confiance.

À cette époque, la diversité des savoirs est pour ainsi dire internalisée dans l'État : les multiples corps (ponts, mines, finances, Conseil d'État, affaires sociales, etc.) représentent diverses approches des problèmes publics, portent différents répertoires de solutions, qui se confrontent, par exemple, dans le cadre des commissions du plan, où s'élabore une doctrine partagée de l'intérêt général à moyen terme, sans en passer nécessairement par un débat pleinement public ou par le dialogue avec la société civile en tant que telle.

Pour le dire de façon ramassée, si les organisations syndicales et patronales s'opposent sur la répartition de la valeur ajoutée, elles gèrent ensemble les principaux organismes de la protection sociale et s'accordent alors sur la nécessité de favoriser la croissance économique et d'aménager le territoire français… et font confiance aux experts de l'État pour cela.

Intégrée à l'appareil d'État, l'expertise publique a longtemps été profondément administrative, ce qui n'a sans doute pas contribué à développer sa capacité à s'ouvrir sur son dehors, sur les autres modalités d'appréhension du réel, développées par exemple dans le monde de la recherche, ou sur la « société » dans son ensemble (acteurs privés, du monde professionnel ou associatif). En outre, largement centralisée et logée auprès de l'exécutif, cette expertise est longtemps restée fort peu développée du côté du Parlement et des collectivités locales, ce qui fait là encore obstacle au pluralisme.

> « Les reproches que les citoyens défiants adressent aux experts – ce sont « toujours les mêmes » qu'on entend dans les médias et qui sont écoutés par les responsables politiques ; ils ne comprennent pas les préoccupations des Français ; ils participent d'une « élite » coupée des réalités – ne sauraient être balayés d'un revers de main et doivent être pris au sérieux.

Externaliser pour répondre aux crises

Cependant, ce paysage s'est profondément transformé au cours des dernières décennies et la France est aujourd'hui loin du modèle élaboré après-guerre. La fin des Trente Glorieuses marque le début d'une longue série d'externalisations de la fonction d'expertise au service de l'action publique, le plus souvent dictées par la nécessité de surmonter ou de résoudre une crise que l'appareil d'expertise existant n'avait pas eu les moyens de prévenir.

Au tournant des années quatre-vingt se constituent notamment plusieurs centres de recherche dédiés aux politiques économiques : le Centre d'études prospectives et d'informations internationales (CEPII), consacré à l'analyse de l'économie mondiale, l'Observatoire français des conjonctures économiques (OFCE), rattaché à l'Institut d'études politiques, l'Institut de recherches économiques et sociales (IRES), lié aux syndicats, et Rexecode, attaché au patronat. Par la suite, c'est le savoir-faire des cabinets de conseil qui sera mis au service de la transformation de l'État lui-même, souvent envisagée sur le mode de la rationalisation de l'usage des ressources, en prenant modèle sur l'organisation de l'entreprise – il en est plus spécifiquement question dans le reste du présent numéro.

Parmi d'autres, ces nouveautés illustrent bien l'entrée dans une période où l'État ne se reconnaît plus lui-même comme omniscient, susceptible de produire en interne l'ensemble des connaissances dont il a besoin pour accomplir ses missions et poursuivre les objectifs qu'on lui assigne.

Parallèlement s'organisent des instances permettant au Gouvernement d'agréger, pour son propre usage, les connaissances issues d'horizons divers, mais aussi de poser les bases de diagnostics partagés entre différents partenaires de l'action publique, sur des enjeux de haute technicité. C'est notamment le cas du Conseil d'orientation des retraites (COR), créé en 2000 afin de consolider les savoirs utiles pour anticiper l'avenir des régimes de retraites et faire dialoguer les partenaires sociaux sur les perspectives et les options disponibles. Plusieurs conseils ou hauts-conseils ont ensuite été fondés sur les mêmes principes, pour traiter des politiques familiales, d'emploi, de financement de la protection sociale, etc.

Le modèle des « agences »

La face la plus visible de ce déplacement de la fonction d'expertise à distance du Gouvernement lui-même peut se voir dans la création des nombreuses « agences », d'abord dédiées à l'évaluation des risques sanitaires et environnementaux, dont le statut et le fonctionnement sont destinés à garantir l'indépendance des travaux et des conclusions des experts qui y contribuent.

Pour comprendre les ressorts de ces transformations, il faut, d'une part, remonter aux différents scandales qui ont émaillé les dernières décennies du XXe siècle en France et qui ont mis au jour d'importantes défaillances dans le système de veille, de prévention des risques et de décision publique : qu'il s'agisse des affaires de l'amiante, du sang contaminé ou de la « vache folle », ce furent les modalités de l'interaction entre les experts et les décideurs qui se virent pointées du doigt et qui durent être réformées. Il faut, d'autre part, avoir en tête l'influence du modèle des agences promu par la gouvernance de l'Union européenne – dont l'un des objectifs est précisément de rendre les experts indépendants des États dont ils proviennent et de leurs gouvernements.

Mais ces tendances traduisent plus largement une modification du rôle de l'État dans l'instruction des dossiers d'intérêt général : alors que le modèle français classique confiait aux institutions publiques la responsabilité d'accumuler les connaissances qui devaient servir à préparer les décisions politiques – au risque de se priver de savoirs produits par d'autres acteurs –, le régime des « agences », à l'inverse, place l'agrégation des savoirs à l'extérieur des administrations *stricto sensu* et repose davantage sur les connaissances documentées par les acteurs privés eux-mêmes, porteurs de leurs propres intérêts – au risque parfois pour la puissance publique de ne plus trouver, sur certains sujets, de savants dépourvus de liens d'intérêts avec le secteur privé. Cela peut se voir, entre autres, en matière d'évaluation de certains médicaments, pour lesquels il n'existe pas toujours d'experts suffisamment compétents et dégagés de tout lien avec les fabricants.

Le double mouvement d'ouverture et d'externalisation de l'expertise publique est donc porteur d'ambivalences : il permet, certes, en particulier dans de grandes concertations du type « Grenelle », que se fassent entendre des savoirs, portés notamment par le monde associatif ou militant, qui jusque-là n'avaient guère eu voix au chapitre, mais il peut rendre plus difficiles la convergence de points de vue très hétérogènes et, en définitive, la définition d'une option reconnue par tous comme conforme à une certaine idée de l'intérêt général. C'est ce qu'on a pu voir lors du Grenelle de l'environnement, où des experts institutionnels, notamment ceux représentés dans les Académies, ont ressenti comme une humiliation le fait de voir leur parole mise sur le même plan que celle des responsables d'organisations non-gouvernementales, dont les analyses ne leur semblaient pas étayées par le même degré de scientificité.

Qui peut encore être en surplomb ?

Quand l'expertise devient plaidoyer, quand la contre-expertise répond à la première expertise comme l'antithèse à la thèse, la fonction de synthèse et de décision pèse plus directement encore sur les épaules du politique, qui ne peut plus s'appuyer d'une façon aussi univoque et définitive qu'auparavant sur « l'expertise » qui inspire ses choix. Et pourtant il semble bien qu'on attend encore des responsables politiques qu'ils tranchent « en connaissance de cause », quel que soit le niveau de technicité des questions en jeu, et qu'on leur reprochera, après coup, d'avoir négligé tel ou tel savoir disponible si leur décision se révèle lourde de conséquences néfastes.

L'une des difficultés réside donc dans la conjonction entre l'exigence que les parties prenantes, dans leur diversité, expriment lorsqu'elles demandent à être entendues au titre de leur expertise, et l'aspiration au maintien d'une position de surplomb, qui n'est plus celle de « l'expert officiel » mais doit demeurer celle de l'acteur public à qui incombe la charge de la définition de l'intérêt général. En d'autres termes, le modèle d'agrégation des connaissances s'est rapproché de celui du monde anglo-saxon, mais les attentes à l'égard de l'État restent héritées de l'histoire de France.

Il faut enfin préciser qu'il ne suffit pas d'externaliser la production de l'expertise pour assurer l'émergence d'une réelle diversité d'analyses et de réflexions. Si ceux qui travaillent comme consultants partagent la même formation, les mêmes références et les mêmes tournures d'esprit que les acteurs de l'institution publique auprès de laquelle ils interviennent, l'ouverture au privé n'aura pas, en elle-même, un effet d'élargissement et de renouvellement des cultures.

Incorporer les paroles défiantes

C'est à partir de l'ensemble de ces conclusions que France Stratégie, dans le rapport « Expertise et démocratie : faire avec la défiance », paru au mois de décembre 2018, invite, non pas à recentraliser l'expertise dans les mains de l'État, mais à engager un travail d'incorporation, au sein même des instances d'expertise, des manifestations de défiance qu'elles rencontrent aujourd'hui. Les reproches que les citoyens défiants adressent aux experts – ce sont « toujours les mêmes » qu'on entend dans les médias et qui sont écoutés par les responsables politiques ; ils ne comprennent pas les préoccupations des Français ; ils participent d'une « élite » coupée des réalités – ne sauraient être balayés d'un revers de main et doivent être pris au sérieux.

Cela suppose de « faire avec », autrement dit de faire entrer ces voix défiantes dans le concert des expressions plurielles à partir desquelles se construit l'expertise utile à l'action publique. Il s'agit donc d'aller plus loin dans l'ouverture, non seulement en renforçant la transparence des procédures d'expertise, mais aussi en facilitant, par exemple, la contribution des agents publics à l'élaboration des politiques qui les concernent, *via* des canaux de circulation des savoirs de terrain – que l'on pourrait développer, en matière de transformation publique, à partir de l'initiative France expérimentation agents.

Dans un autre registre, la capacité des décideurs publics à prendre appui sur une production diversifiée de connaissances pourrait être accrue par la mise en place d'un organe d'échanges réguliers entre l'exécutif et des chercheurs en sciences humaines et sociales – que le pouvoir ne consulte, à l'heure actuelle, que de façon peu structurée.

En somme, la sous-traitance de l'expertise à l'extérieur de l'État ne saurait être considérée comme une condition suffisante pour que s'ouvre le spectre des voix amenées à se faire entendre ; or c'est un enjeu démocratique de premier ordre, car reconnaître la valeur et la pertinence d'un savoir, c'est reconnaître à celui qui le détient une place dans le processus d'instruction préalable à la décision publique. Se donner les moyens d'entendre les paroles de celles et ceux à qui une telle place n'était pas, jusque-là, accordée, est un objectif exigeant – mais tout indique qu'il s'agit aujourd'hui d'un impératif.

Pour aller plus loin

- France Stratégie, *Expertise et démocratie : faire avec la défiance*, rapport, 2018.
- Delmas C., *Sociologie politique de l'expertise*, 2011, Paris, La Découverte, Repères.
- Fourquet F., *Les Comptes de la puissance*, 1980, Paris, Éd. Recherches, Encres.
- Lamy J., « L'État et la science », *Cahiers d'histoire. Revue d'histoire critique* 2017, n° 134, p. 87-111.
- Trépos J.-Y., *La Sociologie de l'expertise*, 1996, Paris, PUF, Que sais-je ?.

L'innovation publique, un marché à la croisée des chemins ?

Bernard le Masson, directeur monde des activités conseil et stratégie secteur public d'Accenture et président de la fondation Accenture en France, et Stéphane Vincent, co-fondateur et délégué général de l'association La 27e Région, reviennent sur l'évolution du marché de l'innovation publique.

Propos recueillis par **Julien Nessi**, rédacteur en chef

Bernard le Masson

Bernard le Masson dirige les activités conseil et stratégie secteur public d'Accenture pour le monde. Avec plus de 25 ans d'expérience professionnelle, notamment pour de grands programmes de transformation en France, il porte des projets d'innovation pour le secteur public en Europe, Asie, Amérique du nord et Amérique latine. Bernard le Masson est co-président du European Center for Government Transformation, un *think tank* européen fondé avec le Lisbon Council et le Collège de l'Europe. Il préside également la fondation Accenture en France, qui se focalise sur l'accès à l'emploi et sur l'innovation sociale en soutenant des initiatives telles que Territoire zéro chômeur de longue durée, MozaikRH, Acces-InclusiveTech, Article1, Simplon, l'incubateur TechforGood ShareIT, la *civic tech* Système D et le mouvement French impact.

« Le marché de l'innovation publique a beaucoup évolué : en complément de la capacité à accompagner des transformations, on traite aujourd'hui l'impact du digital sur la sphère publique et les problématiques des ressources humaines.

Stéphane Vincent

Membre du comité d'orientation de la revue *Horizons publics*, Stéphane Vincent est le co-fondateur et délégué général de l'association La 27e Région, laboratoire de transformation publique créé en 2008. De formation universitaire en sciences de gestion, il a d'abord travaillé dans de grands groupes privés. Il s'est ensuite spécialisé dans l'innovation sociale et numérique dans le secteur public, au sein de collectivités locales et dans le conseil. Il participe à de nombreux collectifs de praticiens en France et dans le monde, dont States of change, créé en 2017. Il est également l'un des initiateurs des Halles civiques, un réseau des tiers-lieux spécialisés dans l'innovation publique, démocratique et citoyenne. En 2014, La 27e Région a été sélectionnée par Bloomberg Philanthropies (États-Unis) et Nesta (Grande-Bretagne) comme l'une des vingt initiatives les plus inspirantes au monde dans le champ de l'innovation publique.

> « Les activités de conseil se déroulent de façon souterraine, elles sont très souvent invisibles. Comment savoir de quelles façons se construisent les doctrines, les approches, les méthodes de l'innovation publique pilotées par les cabinets de conseil ?

L'innovation publique est-elle un « marché » comme un autre ?

Bernard le Masson – Le conseil et l'innovation pour le secteur public est d'abord un marché important – comme ordre de grandeur, 7 milliards de dollars par an de chiffre d'affaires chez Accenture – et en plein essor, avec un taux de croissance de 4 à 5 % par an. Cela répond donc à une demande réelle des gouvernements et entités publiques, même si, contrairement à certaines idées reçues, les consultants y ont une rentabilité souvent plus faible que pour les mêmes missions dans le secteur privé. Les prestations de conseil sur ce marché vont de l'accompagnement très stratégique, par exemple l'aide à l'attractivité économique d'un pays, jusqu'à la mise en œuvre opérationnelle de nouvelles organisations, de la technologie et de la conduite du changement, pour mieux assurer les missions de service public. Ce marché a beaucoup évolué : en complément de la capacité à accompagner des transformations, on traite aujourd'hui l'impact du digital sur la sphère publique, les problématiques des ressources humaines, avec des enjeux d'attractivité des emplois et de fidélisation des compétences dont a besoin le secteur public.

Le défi de l'innovation publique est de proposer quelque chose de différent, de délivrer des services d'intérêt général différemment, tout en restant respectueux des valeurs du service public. Ce qui est demandé aujourd'hui par les décideurs publics, et je le constate sur le plan international, c'est une nouvelle approche de l'action publique, à l'ère du numérique et de la diversification des acteurs qui s'y intéressent. On voit apparaître de nouveaux modèles d'interaction entre les ministères et agences publiques, le secteur privé, l'économie sociale et solidaire, le secteur associatif, les citoyens, à l'ère de la *data* et des plateformes. Il n'y a plus un monopole de l'intérêt général qui ne serait porté que par la puissance publique, même si elle en reste le régulateur et garant ultime. Une autre préoccupation porte sur l'accompagnement à la croissance économique des pays : il faut créer les conditions de l'attractivité des pays, de leur croissance économique, autour de l'éducation, des infrastructures, etc. La complexité du monde renforce la demande d'accompagnement externe : Nous sommes dans un environnement VUCA (l'acronyme des quatre mots anglais : *volatility, uncertainty, complexity* et *ambiguity* pour volatil, incertain, complexe et ambigu). Cet environnement renforce les besoins de réassurance, de croisement des points de vue, d'expertises, autant d'aides à la décision pour les décideurs publics et les administrations.

Stéphane Vincent – Il s'agit bien d'un marché, les chiffres sont là pour le prouver. Il a quand même une particularité : c'est un marché qui porte sur la fabrique des politiques publiques, sur des services d'intérêt général, il touche aux fondements de notre démocratie. C'est donc un marché qui n'est pas comme les autres. Quand la fabrication d'une politique publique devient un business globalisé, quelles sont les conséquences sur cette politique publique ? Tous les acteurs du conseil sont-ils équipés de la réflexivité nécessaire pour y penser en termes éthiques ? Par ailleurs, les activités de conseil se déroulent de façon souterraine, elles sont très souvent invisibles. Comment savoir de quelles façons se construisent les doctrines, les approches, les méthodes de l'innovation publique pilotées par les cabinets de conseil ? Que se passe-t-il exactement ? Est-ce que cela concourt au bien-être des populations, à la qualité démocratique, à l'amélioration du service public ? Toutes ces questions font que ce marché est tout de même un peu à part.

« Ce qui est demandé aujourd'hui par les décideurs publics, et je le constate sur le plan international, c'est une nouvelle approche de l'action publique, à l'ère du numérique et de la diversification des acteurs qui s'y intéressent.

> Nous avons besoin de plus d'éthique sur le marché de l'innovation publique. Beaucoup de consultants sont à la recherche de structures à taille humaine, et on voit naître beaucoup d'agences soucieuses de leur impact sur l'environnement et sur la société.

Bernard le Masson – Je suis d'accord avec Stéphane Vincent, ce n'est clairement pas un marché comme les autres. Cela se voit concrètement dans les cabinets de conseil : les équipes en charge du secteur public sont souvent identifiées à part, elles ont des profils spécifiques. Même si les types de compétences sont les mêmes, les problèmes sont appréhendés différemment. Partout dans le monde, l'approche de la relation au bénéficiaire final et à la fourniture d'un service se font de manière spécifique quand il s'agit de politiques publiques. La réflexion sur la doctrine que soulève Stéphane Vincent doit s'inscrire dans ce contexte démocratique. Pour ma part, je ne suis pas sûr qu'il y ait une doctrine définie *a priori* dans la sphère des cabinets eux-mêmes. Se pose aussi la question de l'interaction avec le donneur d'ordre, la capacité de challenger, contrôler et réguler les prestations de conseil. Ce que j'ai remarqué, c'est que les acteurs du privé qui font appel aux acteurs du conseil ont souvent une capacité à interagir, à challenger et à maîtriser la commande qui est plus structurée que dans le secteur public. Les procédures d'appel d'offres et l'expression des besoins sont plus simples dans le privé, facilitant le travail d'innovation et l'adaptation aux besoins réels en cours de projet.

Stéphane Vincent – Je suis tout à fait d'accord, les acteurs publics ne sont pas toujours de bons clients, les visions et le portage sont souvent faibles et le système des marchés publics assèche toute possibilité d'innovation. Mais je pense que les cabinets de conseil ont aussi une responsabilité particulière, notamment quand ils importent dans le public les méthodes et les techniques d'autres univers tels que le secteur commercial. Le *new public management* hier, la *blockchain* et le design aujourd'hui, ou encore l'intelligence artificielle demain, en sont quelques exemples. Il faut donc questionner la responsabilité de ceux qui conseillent. Nous avons besoin de plus d'éthique sur le marché de l'innovation publique. Beaucoup de consultants sont à la recherche de structures à taille humaine, et on voit naître beaucoup d'agences soucieuses de leur impact sur l'environnement et sur la société.

Bernard le Masson – Il serait assez dangereux, selon moi, que ce soient les cabinets de conseil qui définissent seuls leur propre éthique pour les marchés publics, cela doit être collectif, et toutes les parties prenantes doivent être associées. Les autorités de Singapour ont, par exemple, développé leurs capacités de stratèges et elles font peu appel aux cabinets de conseil en stratégie. Elles ont atteint un niveau de maturité élevé en termes d'innovation publique. Certains pays du nord de l'Europe sont aussi pionniers en tant qu'États stratèges.

Quelles sont aujourd'hui les tendances du marché du conseil, et plus spécifiquement de celui de l'innovation publique, au niveau mondial ?

Bernard le Masson – Le marché du conseil est un marché très atomisé, avec une dizaine d'acteurs mondiaux, qui interviennent localement dans les pays tout en offrant une capacité de mise en réseau et d'expertise mondiale appréciée des gouvernants. En parallèle il y a une myriade d'acteurs de taille petite ou moyenne, avec des expertises pointues ou un travail de niche. Selon moi, il y a aujourd'hui deux grandes tendances à l'œuvre pour le conseil en innovation publique : d'abord une demande de compétences plurielles en termes d'expertises et de compétences (design de service, traitement des masses de données, approche psycho-sociale). Accenture a ainsi racheté ces dernières années une quarantaine de sociétés, parmi lesquelles en France le cabinet de conseil OCTO Technology, la société spécialisée dans les services de sécurité Arismore ou encore l'agence d'innovation et de design Fjord. Ensuite la tendance à la création de modèles hybrides de fonctionnement combinant expertise des start-up de la Govtech et des acteurs privés à l'ère des plateformes. La révolution digitale est acquise, même si elle reste à traduire pleinement dans les organisations publiques ; il y a, aujourd'hui, le besoin d'imaginer les modèles économico-sociaux de demain pour délivrer des services publics répondant réellement aux besoins des citoyens.

Stéphane Vincent – En effet le marché du conseil est extrêmement diversifié, avec des acteurs de toutes les tailles. Il faut également citer les approches coopératives, qui ont à cœur d'adopter en leur sein une gouvernance démocratique. À l'opposé on observe aussi un phénomène d'ubérisation du conseil, une forme de désintermédiation de la fonction de cabinet. C'est un renouvellement radical des modèles économiques du conseil.

Bernard le Masson – Oui, c'est effectivement une tendance émergente. On parle parfois de « *liquid workforce* » : il s'agit de faire appel ponctuellement à des expertises, en fonction des besoins sur un projet bien défini. Ce concept repose sur la puissance des plateformes numériques.

“ La révolution digitale est acquise, même si elle reste à traduire pleinement dans les organisations publiques ; il y a, aujourd'hui, le besoin d'imaginer les modèles économico-sociaux de demain pour délivrer des services publics répondant réellement aux besoins des citoyens.

Quelles sont les conséquences de ces tendances sur le conseil et l'innovation publique ?

Stéphane Vincent – Cette évolution ne se fait pas sans difficultés. La demande d'hybridation plus forte, le recours à des cultures professionnelles très différentes ne peuvent pas se faire à n'importe quelles conditions. La question de la pluridisciplinarité est une des tendances-clés de l'innovation. Personne n'a la réponse à lui seul. Chaque problème doit être traité de façon panoramique, avec des approches complémentaires. Il existe aussi des tensions permanentes entre l'internalisation et l'externalisation des compétences : l'administration doit décider si elle peut internaliser, c'est une éternelle question. L'externalisation, dans la lignée du fordisme de l'action publique où on rationalise à tout prix sans prendre en compte l'intelligence des agents, peut faire des dégâts. Il y a des gagnants et des perdants à chaque fois que l'on néglige les réalités humaines.

Bernard le Masson – Le critère d'efficience n'est plus suffisant pour justifier un choix stratégique majeur. L'objectif ne doit pas être d'abord l'efficacité à tout prix. C'est un choix politique qui revient à la puissance publique.

L'innovation publique a pour finalité d'améliorer les services publics. Comment faire mieux et aller justement vers plus de coopération entre décideurs publics et consultants ?

Bernard le Masson – Quand la puissance publique porte la transformation, les consultants sont une force de frappe. Il faut que les acteurs publics aient envie de transformer leur modèle. Le portage politique est une condition de réussite des projets d'innovation.

Stéphane Vincent – La puissance publique doit avoir une vision sur le plus long terme et ne doit pas sous-traiter sa stratégie. Ce sont les administrations qui devraient avoir un temps d'avance, et non les cabinets de conseil. Les procédures des marchés publics constituent un frein à l'innovation, notamment car elles créent une relation infantilisante avec les acteurs du conseil. Il faudrait réfléchir à réaménager les procédures d'appel d'offres, favoriser la coopération plutôt que la compétition, changer la temporalité des marchés pour créer de la confiance durable propice à l'innovation, recourir davantage à l'innovation sociale. L'artisanat et le sur-mesure sont plus difficiles à faire dans les rituels habituels des marchés.

Bernard le Masson – L'État n'a pas encore trouvé les bons leviers pour attirer et garder les très bons talents. Les complexes marchés publics couplés à cette fragilité humaine, créent un processus d'interaction qui n'est pas satisfaisant et qui incite parfois à aller vers le court-termisme, plutôt que d'avoir une transformation sur le long terme. Il faudrait rentrer dans une logique de partenariat et de temporalité plus longue, durant lesquelles on apprend à se connaître. Dans le secteur privé et public à l'étranger, les programmes sont souvent longs, la confiance se construit dans la durée, la temporalité est une condition du succès.

À quoi ressemblera l'innovation publique dans 10 ans ?

Stéphane Vincent – Premier scénario : l'activité de conseil au sens large se renforce en tant que marché, le conseil devient une activité de haut niveau et élitiste qui décroche des questions sociales. Deuxième scénario : le marché laisse plus de place à la coopération, aux infrastructures communes, aux territoires et aux chercheurs. Les administrations et les collectivités s'équipent, les laboratoires d'innovation publique et sociale montent en gamme et en impact. Une nouvelle forme d'action publique se met en place avec une gouvernance différente. La création d'écosystèmes locaux, avec un bon seuil critique comme nous commençons de le voir à Nantes, par exemple, est aussi l'une des clés pour réussir les projets de transformation publique dans la durée.

Rencontre entre Stéphane Vincent et Bernard le Masson, à Superpublic le premier espace à Paris entièrement consacré à l'innovation dans le secteur public, le 9 janvier 2019.

Crédit : J. Nessi

Bernard le Masson – Les consultants qui n'ont pas de vision à long terme vont disparaître. Les acteurs du conseil qui réussiront seront capables de s'inscrire dans des logiques d'innovation publique mais aussi sociale, avec une meilleure prise en compte de l'impact social et environnemental. Les entreprises et le social vont de plus en plus s'entremêler pour relever le défi de la complexité et de la question sociale. C'est pourquoi, la fondation Accenture France, que je préside, soutient l'entrepreneuriat social comme un nouveau mode d'action, parmi d'autres, de production d'actions d'intérêt général. Nous sommes, par exemple, impliqués dans l'expérimentation Territoires zéro chômeurs de longue durée[1].

Stéphane Vincent – À l'usage, la coopération, c'est souvent beaucoup plus intéressant que la mise en concurrence généralisée entre les acteurs. Il nous est souvent arrivé de constater des rapports coût/efficacité beaucoup plus favorables à des approches fondées sur le partage d'expertises et les modèles ouverts. Il faudrait travailler à l'échelle nationale dans le sens d'une véritable infrastructure collective de R&D publique et sociale, comme y travaillent certains pays, tel que le Canada.

Bernard le Masson – Selon moi, les activités traditionnelles du conseil au secteur public existeront encore dans dix ans, mais elles prendront des formes plus hydrides, avec une « plateformisation » de l'action publique. L'avenir du conseil au sens d'entreprise prestataire passera par une puissance publique mieux outillée. Les labos d'innovation publique qui fonctionnent sont hybrides, avec des compétences plurielles. L'échelle des territoires doit aussi être réaffirmée : les politiques publiques doivent être conçues à l'échelle du territoire. La reterritorialisation de l'innovation publique est donc une piste pertinente.

> Il faudrait travailler à l'échelle nationale dans le sens d'une véritable infrastructure collective de R&D publique et sociale, comme y travaillent certains pays, tel que le Canada.

1. Accenture est partenaire de l'expérimentation territoriale Territoires zéro chômeur de longue durée. Portée par l'association du même nom, elle vise à résorber le chômage de longue durée. À l'échelle du territoire (commune, communauté de communes, quartier), il s'agit de proposer à toute personne privée durablement d'emploi et qui le souhaite, un emploi en contrat à durée indéterminée au SMIC, à temps choisi, et adapté à ses compétences. Cette expérimentation, porte actuellement sur dix territoires et Accenture soutient Territoires zéro chômeur sur le quartier Saint-Jean de Villeurbanne *via* une mission de mécénat de compétences en pilotage du projet. L'idée est d'expérimenter durant cinq ans d'une nouvelle approche pour la résorption du chômage de longue durée. Source : rapport d'Engagement Accenture France, août 2017.

ANTICIPATIONS PUBLIQUES

Le potentiel de la *blockchain* pour les collectivités locales

Au-delà de l'effet de mode et malgré quelques limites, la *blockchain* peut contribuer à transformer l'action publique dans les collectivités locales, petites comme grandes. Paris explore déjà plusieurs pistes pour exploiter le potentiel de cette innovation technologique.

Par **Emmanuel Grégoire**, premier adjoint à la maire de Paris en charge du budget, de la transformation des politiques publiques et des relations avec les arrondissements

Imaginez un monde dans lequel la « certification numérique », « l'authentification » ne reposerait plus sur une « autorité centralisée » faisant fonction de tiers de confiance, mais sur une multitude distribuée, une sorte de « groupe de confiance ». C'est sur ce fantasme de désintermédiation (si l'on excepte l'appât du gain que stimulent les cryptomonnaies), sur la possibilité de contourner les autorités centralisatrices que s'est largement développée la popularité de la *blockchain*. C'est le rêve d'une souveraineté numérique populaire et partagée qui s'affranchirait de l'ordre établi et qui, d'inspiration anarchiste ou libertaire, ferait sienne cette vieille et visionnaire pensée de Nietzsche : « L'État est le plus froid des monstres froids, il ment froidement et voici le mensonge qui rampe de sa bouche : “Moi, l'État, je suis le peuple.” »

Mais, au-delà de cette origine utopique, la *blockchain* est avant tout une technologie qui a fait ses preuves dans plusieurs domaines – *smartcontracts*, cryptomonnaies notamment – et dont la robustesse et la facilité d'usage sont convaincantes.

Pourtant, quelques « défauts », ou supposés tels, font toutefois de plus en plus débat. D'abord, il ne sera pas possible de continuer à ignorer l'enjeu de l'empreinte environnementale des technologies : à cet égard, la *blockchain* semble incroyablement énergivore du fait de son principe de distribution en réseau. Par ailleurs, les fragilités en matière de sécurité, et donc de risques de fraude, sont préoccupantes lorsque l'on envisage l'usage de cette technologie à une grande échelle pour des applications de services publics.

Au-delà du mythe néo-romantique qu'inspire la *blockchain*, plusieurs usages innovants apparaissent pour les services publics. C'est « une technologie de stockage et de transmission d'informations, transparente, sécurisée, et fonctionnant sans organe central de contrôle »[1]. Les *blockchains* peuvent être privées, c'est-à-dire à l'accès et l'utilisation circonscrits à des acteurs déterminés au préalable, ou bien publiques et donc librement accessibles. Une *blockchain* publique « peut [...] être assimilée à un grand livre comptable public, anonyme et infalsifiable ». Le mathématicien Jean-Paul Delahaye nous invite à voir cet outil comme « un très grand cahier, que tout le monde peut lire librement et gratuitement, sur lequel tout le monde peut écrire, mais qui est impossible à effacer et indestructible »[2].

1. « Qu'est-ce que la *blockchain* », *Blockchain France https://blockchainfrance.net/decouvrir-la-blockchain/c-est-quoi-la-blockchain/*
2. *Ibib.*

Smartcontract et *matchmaker*

La compréhension des perspectives de cette technologie nouvelle appelle quelques exemples. L'un des plus courants est celui du « *smartcontract* », des « programmes autonomes qui exécutent automatiquement des engagements, simples et complexes, sur la *blockchain*, sans nécessiter d'intervention humaine »[3]. Ainsi, « en cas de délais prévus dans un marché public, un retard dans l'exécution de la prestation déclencherait automatiquement des pénalités de retard »[4].

L'association Energycities, en association avec l'Ademe, imagine une « utilisation dans un marché d'énergie locale ou régionale en ligne. La collectivité pourrait jouer le rôle nouveau d'intermédiaire, en agissant comme un *matchmaker* et coordinateur entre les producteurs d'énergie locaux et ses citoyens. À travers une plateforme *blockchain* en ligne, la collectivité rassemblerait les différents producteurs d'énergie locale et leurs offres, et pourrait aider ses citoyens à choisir un mix d'énergie abordable. Ce service énergétique permettrait non seulement de soutenir la lutte contre la précarité énergétique, mais aussi de garder la valeur économique de l'énergie sur le territoire, puisque l'ensemble des transactions seront faites à une échelle locale ou régionale. De plus, les petits producteurs d'énergie ne seront pas obligés de passer par le marché de gros pour vendre leur énergie, mais pourront le vendre directement aux citoyens. L'indélébilité, la transparence et l'efficacité de la *blockchain* garantiront la stabilité des opérations de cette plateforme[5]. »

Crédit : Fotolia

3. Simon Poirot, avocat et fondateur d'Ethereum France, dans Zignani G., « Les effets de la *blockchain* sur les services juridiques des collectivités », *La Gazette des communes* 26 sept. 2017.

4. Zignani G., « Les effets de la *blockchain* sur les services juridiques des collectivités », *op. cit.*

5. Donnerer D., « *Blockchain* et transition énergétique : quels enjeux pour les villes », *Energycities* avr. 2018.

Un « passeport décentralisé du véhicule » pour lutter contre les fraudes

Le magazine en ligne *L'ADN* dédié aux tendances de société et innovations technologiques est également dans l'anticipation[6]. « Aujourd'hui il est très facile de falsifier le kilométrage d'un véhicule. Pour faire face à ces fraudes, des constructeurs (PSA, Renault) et des entreprises d'entretien (Midas, Norauto) travaillent à un « passeport décentralisé du véhicule » qui sera enregistré sur la *blockchain*. Celui-ci contiendra les informations relatives à la date d'achat, à l'état d'entretien, au kilométrage. Tout le monde pourra consulter ces informations, de manière universelle, ce qui rendra la fraude aux véhicules impossible. Si l'on se projette dans la ville intelligente de demain, tous les véhicules en seront équipés. En fait, cette même ville sera sillonnée de véhicules autonomes [...], de vélos en libre-service ou de trottinettes électriques. Les utilisateurs pourront s'abonner à ce service pour se déplacer, et ils pourront librement passer d'un moyen de transport à un autre. C'est ce qu'on appelle la multi-modalité. La *blockchain* interviendra pour faciliter et fluidifier les transactions entre les différents opérateurs de service, en temps réel. Elle sécurisera des flux de datas ». En réalité, la *blockchain* a quelque chose de la technique littéraire du « cadavre exquis », chère aux surréalistes : c'est une catalysatrice de connexions et une créatrice de solutions.

Michel Bauwens, informaticien belge et pionnier de l'économie du « pair à pair » estime que la *blockchain* repose sur « une vue du monde hyper individualisée, où il n'y a pas de collectif, de communauté [...]. Certains y voient une augmentation de la capacité d'organisation des individus. »

Respecter un principe de prudence

Ce qui ne signifie pas que la *blockchain* imposera la « désintermédiation » et qu'elle révolutionnera à court terme les politiques publiques. D'abord, un principe de prudence s'impose. Dans le « cycle de la *hype* » de l'institut Garner – un outil statistique qui décrit l'évolution, notamment médiatique, de l'intérêt pour une nouvelle technologie –, « la technologie *blockchain* est placée dans la catégorie des attentes démesurées (*peak of inflated expectations*) »[7]. On pourrait même parler d'effet de mode. Le journaliste Sylvain Rolland donne l'exemple de la réalité virtuelle. « Même après la création du premier casque, par l'ingénieur Daniel Vickers dans les années soixante-dix, il a fallu attendre que l'industrie du jeu vidéo s'en empare dans les années quatre-vingt-dix [...] pour que le grand public prenne conscience de son potentiel, sans toutefois l'adopter en raison de multiples freins, autant culturels que techniques. Ce n'est qu'aujourd'hui, en 2016, [...] que les casques de réalité virtuelle commencent à se démocratiser[8]. » Il y a des « grands soirs technologiques » qui se font attendre.

> « En ces temps de défiance à l'égard des acteurs publics et de pression, sans cesse plus forte, sur les budgets locaux, la technologie *blockchain* pourrait, à ce titre, constituer un levier intéressant.

6. Hadjadji N., « À quoi sert la *blockchain* ? Donner des cours du soir en échange de la réparation de sa chaudière », *L'ADN* 15 oct. 2018.

7. Donnerer D., « *Blockchain* et transition énergétique : quels enjeux pour les villes », *op. cit.*

8. Rolland S., « Le "cycle du *hype*" ou la vie cahotique des innovations », *La Tribune* 18 août 2016.

Prémunissons-nous du « solutionnisme » numérique, selon la juste formule du penseur américain Evgeny Morozov. « Le solutionniste possède un marteau (le web, internet, de puissants ordinateurs, etc.) et tout ressemble à un clou. La réflexion sur les questions de société disparaît devant l'attrait de la nouveauté. »[9]

Vers de nouvelles pistes pour Paris

À Paris, cette précaution posée, une telle novation trouverait à l'évidence sa place dans l'éventail des solutions mises en œuvre par la municipalité. Cependant, en matière de politiques publiques, l'usage de la *blockchain* est prometteur mais reste très marginal ou, à tout le moins, embryonnaire. D'abord car le cadre juridique n'est pas totalement abouti. Mais des initiatives intéressantes ont émergé, comme l'*Initial Coin offering* pour financer du logement social aux États-Unis, ou l'ICO de la Banque mondiale et de la Banque fédérale d'Australie.

De notre côté, nous explorons plusieurs pistes de recherche :
- tout d'abord, la gestion de l'état civil et, au-delà, de l'identité numérique. Aujourd'hui, le processus administratif reste complexe et implique avec une multitude d'interlocuteurs : communes de résidence et de naissance, préfecture, Agence nationale des titres sécurisés (ANTS), etc. ;
- ensuite le registre des associations : la lourdeur administrative d'enregistrement d'une création, d'une modification ou d'une dilution en préfecture pourrait faire l'objet d'une simplification radicale ;
- le cadastre pour permettre une base d'enregistrement infalsifiable ;
- les registres de diplômes pour faciliter l'accès aux services de ressources humaines et donc sécuriser une embauche éventuelle.

Cette promesse de modernisation grâce à la *blockchain* permettrait, à la fois, un gain de temps grâce à des procédures allégées mais aussi un gain d'efficacité par le croisement d'informations aujourd'hui éclatées. En ces temps de défiance à l'égard des acteurs publics et de pression sans cesse plus forte sur les budgets locaux, la technologie *blockchain* pourrait à ce titre constituer un levier intéressant.

La rencontre de la technologie *blockchain* avec les politiques publiques demeure donc à écrire. En réalité, on peut présumer que cette alliance ne se nouera pas de façon autonome, mais s'articulera au mouvement, plus global, de la révolution numérique qui, outre les politiques publiques, bouleversera nos vies, nos façons d'apprendre, nos modes de déplacement, les techniques de soins. Et en la matière, l'innovation technologique a toujours été une promesse pleine d'espérance.

9. Larousserie D., « Contre le solutionnisme numérique », *Le Monde* 6 oct. 2014.

Transformation numérique : quels métiers publics pour demain ?

Plus de 70 % des effectifs de la fonction publique d'État et hospitalière pourraient voir leurs métiers sensiblement – voire radicalement – transformés par le numérique. C'est ce qui ressort de l'étude prospective « Transformation numérique : dessinons les métiers publics de demain ! », publiée fin 2018 par la DITP. Les métiers d'infirmier, d'agent de sécurité, de greffier, d'agent d'accueil ou encore d'enseignant, retenus comme illustrations de cette étude prospective, pourraient ainsi connaître des évolutions radicales dans la manière d'exercer leurs tâches quotidiennes avec le numérique.

Par **Emmanuel Constantin**, chargé de la transformation numérique des métiers publics à la Direction interministérielle pour la transformation publique (DITP)

Cette étude prospective est une exploration des impacts et du potentiel de la transformation numérique sur les métiers des agents publics, selon le prisme de leurs activités et tâches quotidiennes. Elle cherche à analyser, pour seize grandes familles de métiers, les potentiels offerts par le numérique et les perspectives d'évolution du métier que l'utilisation du numérique pourrait dessiner. Il apparaît ainsi que plus de 70 % des effectifs de la fonction publique d'État et hospitalière pourraient voir leurs métiers sensiblement – voire radicalement – transformés par le numérique.

La transformation de l'État passera par une transformation numérique : cela ne fait plus aujourd'hui débat. C'est devenu une attente des citoyens, une conviction profonde des agents publics et un axe assumé des programmes de transformation. Pour autant, les citoyens et les acteurs publics eux-mêmes entretiennent un rapport ambivalent avec cette transformation numérique. L'État, qui a pourtant un long historique de déploiement de ses systèmes d'information et de digitalisation des démarches des services publics, apparaît bien souvent comme impuissant face à une transformation dont il devrait s'inspirer ; tandis que les citoyens et agents, s'ils sont conscients des potentialités offertes par le numérique, craignent l'éloignement des services pour les uns, et déplorent trop souvent la qualité des équipements pour les autres.

Ce rapport ambivalent est alimenté par l'absence d'un discours clair, assumé et partagé sur l'avenir des métiers des agents publics et sur le sens que prend la transformation numérique. Bien que de nombreuses études annoncent une transformation massive des métiers, comme l'université d'Oxford qui prédisait 2013 la disparition de 47 % des emplois américains en vingt ans ou le cabinet McKinsey qui en 2017 entrevoyait la possibilité d'automatiser une partie des tâches de la moitié des métiers en Europe occidentale, aucune n'a encore ouvert le débat sur les métiers publics. En effet, aucune étude d'envergure n'a été réalisée dans le secteur public, faute de données consolidées sur les métiers, leurs effectifs ou leur répartition, les employés du secteur public étant « classés » par catégorie et statut. Les rares analyses consacrées au sujet restent génériques, sans aborder les métiers selon leurs activités spécifiques. C'est à cela que l'étude menée par la DITP cherche à remédier.

16 familles de métiers étudiées

Avant de faire l'analyse des métiers publics, il a fallu établir une catégorisation des métiers de la fonction publique et les regrouper en quelques grandes familles. Réduisant son périmètre d'analyse aux sphères étatiques et hospitalières, Fonction publique d'État (FPE), Fonction publique hospitalière (FPH) et Établissements publics et administratifs (EPA), l'étude a utilisé différentes méthodes de regroupement des données afin de dégager 16 grandes familles de métier cohérentes, représentant 94 % de l'effectif considéré.

Chacune de ces familles de métiers a alors été divisée en un ensemble de tâches simples, caractérisées selon qu'elles étaient plus ou moins chronophages et plus ou moins complexes. Il est alors devenu possible d'identifier des leviers numériques pertinents pour l'évolution de ces activités, issus de 50 familles technologiques, comme la gestion de la donnée ou l'internet des objets, afin d'en déduire les potentiels de transformation de chaque famille de métier. Cet exercice de projection permet de dessiner une « vision cible » possible pour le métier, tirant parti des opportunités offertes par le numérique et de mettre en lumière les freins et les risques associés à de telles évolutions.

70 % des effectifs au sein de métiers présentant un potentiel de transformation substantiel

De ces premières analyses, il ressort que plus de 70 % des effectifs parmi les plus de 3,5 millions d'agents du périmètre de l'étude pourraient voir l'exercice de leur métier sensiblement, voire radicalement, transformé grâce au numérique : enseignants, infirmiers, forces de sécurité, métiers administratifs et de l'accueil mais aussi médecins, chercheurs, militaires ou personnels d'encadrement seraient les plus concernés. Bien loin d'évolutions qui se limiteraient à la dématérialisation ou à l'automatisation des tâches au sein des fonctions supports, des perspectives positives de transformation profonde semblent ainsi s'ouvrir pour tous les agents, notamment au sein de métiers opérationnels et de terrain comme ceux de l'éducation, de la santé, de la sécurité, et qui constituent le cœur du service public.

Dans l'ensemble, si l'on cherche à résumer les voies de transformation mises en évidence, il s'agirait certes d'automatiser les tâches les plus répétitives, notamment grâce à la numérisation des process et aux technologies dites de « RPA » (*Robotic process automation*)[1] ou encore à l'introduction de *chatbots*[2] pour les premiers niveaux de relation à l'usager. Mais il s'agirait surtout de fournir automatiquement aux agents les données, les analyses et les simulations dont ils ont besoin au quotidien, grâce notamment à l'équipement mobile des agents ou à des outils d'intelligence artificielle pour effectuer

1. Le RPA (*Robotic process automation*) désigne l'ensemble des technologies facilitant l'automatisation des processus. Un programme de type RPA exécute automatiquement des routines qui sollicitent des bases de données et des applicatifs séparés, prenant le contrôle des programmes de l'ordinateur de la même manière qu'une macro prend le contrôle des différents onglets d'un tableur. Un tel programme s'insère donc dans les systèmes d'information existants de manière non intrusive et est rapidement déployable.

2. Un *chatbot*, ou « agent conversationnel » (parfois « assistant conversationnel »), est un programme qui converse avec une personne de manière automatique, afin de répondre à ses questions et de le renseigner. Il est capable de répondre aux questions récurrentes des usagers en s'appuyant sur une arborescence de questions-réponses prédéfinies et/ou en apprenant sous la supervision d'un agent grâce à des technologies d'intelligence artificielle.

des recherches et fournir des suggestions adaptées. Il est alors possible de mieux préparer le travail de terrain et les interactions avec les usagers et de dégager plus de temps pour ces interactions, afin que celles-ci soient mieux ciblées et plus personnalisées. Ce double mouvement pourrait donc se faire au profit d'un recentrage sur le cœur du métier et du service dispensé, comme le montrent les exemples des métiers d'enseignant, d'infirmier ou encore de greffier.

Enseignant, infirmier et greffier : redonner du temps à la relation avec l'usager

Représentant à lui seul plus d'un million d'agents en France, le métier d'enseignant connaîtra assurément de profondes transformations avec le développement du numérique. Le développement d'écosystèmes de type classe connectée consistant à interfacer, sur une plateforme, les différentes composantes de l'enseignement et de la vie de la classe (tableau numérique et applications mobiles, supports de cours et exercices disponibles en ligne, module de communication avec les parents d'élèves et entre professeurs et élèves, autoévaluation et évaluation entre pairs par les élèves, forums collaboratifs entre élèves, possibilité de soumettre des travaux en ligne, etc.) pourrait entraîner en effet des changements profonds dans les méthodes de travail des enseignants, plus collectives et collaboratives, avec les élèves, les parents et leurs pairs. Le lien avec les élèves, s'il devient plus numérisé, pourrait surtout être plus individuel. En effet, grâce à l'automatisation *via* le RPA d'une partie de la correction des exercices et grâce à des techniques d'intelligence artificielle d'analyse personnalisée des résultats et des parcours de l'élève, l'enseignant pourrait dispenser plus facilement un enseignement plus personnalisé, quasi « sur-mesure ».

Si l'enseignant pourrait voir sa relation avec les élèves réinventée au service de plus de personnalisation, l'infirmier pourrait, quant à lui, augmenter le temps consacré aux soins et à la relation aux patients. Actuellement, les activités des infirmiers sont marquées par de nombreuses interruptions de tâches, allers-retours avec les systèmes d'information et saisie des données sur les patients, venant altérer la qualité des soins rendus et le confort des patients. Ces tâches pourraient gagner en fluidité grâce à l'automatisation des rapports médicaux et de la chaîne de délivrance des médicaments, ou à la diffusion d'objets connectés donnant des informations directement dans le dossier médical et renseignant en temps réel sur l'état du patient. Soulagé de l'enregistrement des étapes du parcours de soin, l'infirmier adopterait une nouvelle posture de coordinateur du parcours de soin, fluidifiant sa relation avec les autres professionnels de la santé.

L'analyse du métier de greffier illustre aussi les potentialités de transformation des métiers publics qui peuvent se dessiner. La numérisation des chaînes de procédures civiles et pénales, intégrant des formats multimédias, les technologies d'automatisation, y compris à base de reconnaissance vocale et la rédaction automatique de projets d'actes ou de courriers pourraient dégager le greffier des tâches d'enregistrement de la procédure. Dans la relation avec le public, de nombreuses informations et réponses de premier niveau pourraient être rendues disponibles en ligne, voire valorisées par *chatbot*. En outre, l'usage de l'intelligence artificielle pourrait faire émerger des méthodes de recherche juridique augmentée, mettant en avant des suggestions adaptées aux cas en cours. Ainsi, de manière générale, le greffier se recentrerait sur son rôle d'assistance des magistrats et d'accompagnement des justiciables. Cet accompagnement serait plus qualitatif et davantage centré sur les personnes les plus fragiles, que l'activité judiciaire conduit souvent à prendre en charge. Toutes ces possibilités pointent vers des changements significatifs dans la pratique quotidienne et la culture du métier.

Des potentiels réalistes à 5 ans, qui peuvent être source de discussion et d'inspiration

Ces potentialités ne relèvent pas de la science-fiction : elles s'appuient sur des leviers numériques mûrs, déjà déployés dans des entreprises privées, ou certaines administrations. Une vision du métier construite à partir des briques numériques identifiées peut constituer une cible atteignable sous 5 ans de manière réaliste.

Néanmoins, il s'agit bien évidemment d'une première approche, dont la granularité mérite d'être affinée par chaque administration et les analyses plus finement confrontées à la réalité des métiers des agents. C'est donc avant tout un objet de discussion que cette étude met sur la table.

Car activer ce potentiel n'a rien d'automatique. La transformation numérique présente des risques et rencontre des obstacles. Il faut les analyser et être en mesure de dessiner, pour chaque métier, une vision ambitieuse et cohérente, en privilégiant une approche centrée sur le métier dans son ensemble, comme l'ont déjà fait certains acteurs du privé et du public. Ces acteurs ont déjà entrepris des déploiements d'envergure et décidé de déclencher de véritables « bascules numériques » de leurs métiers, comme la SNCF, qui a révolutionné le métier des 12 000 agents chargés de la surveillance des installations ferroviaires.

De telles approches, centrées sur les métiers, ouvrent des voies plus directes de co-construction de la transformation, et dessinent une vision susceptible d'embarquer les agents et de les rendre acteurs de la transformation, à l'inverse d'une logique d'évolutions strictement techniques, parfois subies et dépourvues de sens. Surtout ces approches permettent de mieux anticiper les impacts des nouveaux outils numériques et de mettre en place des démarches complètes de Gestion prévisionnelle de l'emploi et des compétences (GPEC). En un mot, elles permettent d'accompagner la transformation.

Plusieurs maîtres-mots pour les administrations

Le sujet de l'impact et du potentiel de la transformation numérique sur et pour les métiers n'est pas encore pris à bras-le-corps au sein des administrations. Cela ne signifie pas que rien n'est fait, mais, pour éviter que trop d'administrations ne ratent le coche d'une transformation numérique réussie, se dégagent de cette étude plusieurs maîtres-mots dont devrait se saisir chaque administration :

- oser réinterroger les métiers à l'aune du numérique et partager largement sur l'avenir des métiers ;
- mieux connaître ses métiers et ses compétences ;
- dessiner et prioriser ses trajectoires numériques en lien avec les métiers ;
- se doter de véritables outils de GPEC et d'accompagnement RH ;
- partager ses expériences de transformation numérique et se nourrir de celles des autres.

Telles sont les conditions pour que la transformation numérique soit à la hauteur des formidables promesses qu'elle dessine et permette de réinventer les métiers des agents publics, au service du cœur de leurs missions.

Pour aller plus loin

- *https://www.modernisation.gouv.fr/action-publique-2022/actualites/numerique-et-transformation-des-metiers-publics-quelles-perspectives*
- Contact : *transformation.ditp@modernisation.gouv.fr*

L'urbanisme transitoire, vecteur d'innovation urbaine ?

Pratique émergente dans la vie des territoires depuis une dizaine d'années, l'urbanisme transitoire se déploie aujourd'hui dans des cadres juridiques légaux et fait intervenir de nouveaux professionnels. Ces projets d'occupation temporaire de terrains ou de bâtiments inoccupés peuvent constituer de réels espaces d'expérimentation et d'innovation urbaine. Illustrations avec deux sites : les Grands voisins, à Paris et le 6B, à Saint-Denis.

Par **Émilie Moreau,** pilote des études sociétales, sociales et innovation, Atelier parisien d'urbanisme (Apur)

L'urbanisme transitoire fait couler beaucoup d'encre. Comment le définir ? On est confronté aujourd'hui, à une nébuleuse de termes. Le terme de temporaire est utilisé pour qualifier des aménagements provisoires ou des projets d'occupation sur un temps donné lorsque l'usage du site n'est pas encore décidé ou le temps qu'un projet se réalise. Le terme de transitoire est quant à lui utilisé pour souligner la notion de transition. Les aménagements temporaires se font sur une période de transition du site en vue d'un projet urbain futur.

Les occupations temporaires d'espaces délaissés ou vacants ne sont pas des phénomènes nouveaux. De tout temps, ces occupations se sont développées en prenant des formes diverses, le plus souvent illégales, allant de l'événementiel à l'habitat informel. Aujourd'hui les occupations temporaires se développent dans des cadres légaux, dans le cadre de conventions d'occupation temporaire, souvent à l'initiative des propriétaires de bâtiments ou de terrains eux-mêmes.

Pour quelles raisons ces occupations se développent-elles aujourd'hui ?

Peut-être en partie parce que, pour les propriétaires, il est plus rentable et plus sûr d'installer une occupation temporaire que de laisser leur terrain ou leur bâtiment vacant, dans un contexte de cherté de l'immobilier et de coût élevé du portage foncier. Mais plus sûrement parce qu'en parallèle des besoins d'espaces pour créer, travailler, se divertir, s'expriment en zone dense sans qu'il y ait de réponses dans le marché traditionnel en raison de loyers trop élevés. Les occupations temporaires apportent des réponses à ces besoins en offrant des espaces à moindre coût pour un temps donné. Dans ce contexte, un nouveau type d'acteurs a émergé : il s'agit de professionnels spécialisés dans l'urbanisme temporaire qui jouent un rôle d'intermédiaires entre occupants et propriétaires et apportent aussi leur expertise sur certains projets.

Dans le cadre d'une étude récente publiée par l'Atelier parisien d'urbanisme (Apur)[1], une centaine d'expériences de ce type en cours ou récentes ont été recensées dans le Grand Paris. Ces projets se développent sur des sites variés (entrepôts, hôpitaux désaffectés, immeubles tertiaires, terrains nus, etc.) et sont marqués par une diversité

1. « La ville autrement – Initiatives citoyennes, urbanisme temporaire, innovations publiques, plateformes numériques », *Apur.org* juill. 2017 : *https://www.apur.org/fr/nos-travaux/ville-autrement-initiatives-citoyennes-urbanisme-temporaire-innovations-publiques*

d'acteurs et d'activités (bureaux, espaces de création, hébergement d'urgence, agriculture, artisanat, etc.). De même la durée des projets varie et peut aller de quelques mois à plusieurs années, avec des projets qui sortent parfois du temporaire et se pérennisent sur site. La plupart de ces occupations partagent une mixité d'usages importante, pas seulement en partage de surface mais aussi en complémentarité d'usages, incluant très souvent une dimension artistique ou culturelle.

Il apparaît que certains de ces projets, ceux qui relèvent de ce que l'on qualifie « d'urbanisme transitoire », constituent de réels espaces d'expérimentation et d'innovation urbaine. Les Grands voisins, occupation temporaire de l'ancien hôpital de Saint-Vincent-de-Paul dans le XIVe arrondissement à Paris, site sur lequel se développe aujourd'hui un projet d'éco-quartier, en constitue une illustration. À partir de cet exemple, il est possible de distinguer trois grandes formes d'innovation qui les caractérisent.

Trois formes d'innovation

Les occupations transitoires permettent d'abord d'optimiser des espaces existants, délaissés pendant la durée d'un projet qui peut s'étendre sur une longue période de temps. Dans une perspective bas carbone, dans l'idée « d'intensifier » la ville, de développer des services sans nouveaux mètres carrés associés… l'urbanisme transitoire coche toutes les cases. On estime à environ 4 millions de mètres carrés de bureaux vacants en Île-de-France, soit l'équivalent de 40 tours Montparnasse. Systématiser ces approches revient à révéler un potentiel immobilier énorme pour le développement d'usages et d'activités nouvelles.

Ces projets jouent également un rôle de préfiguration. En révélant les besoins locaux et les énergies en présence, en prenant le pouls du territoire, ils influencent le projet urbain futur. Le projet des Grands voisins a révélé un potentiel d'activités très large pour le projet d'éco quartier de Saint-Vincent-de-Paul. L'occupation transitoire permet de tester un certain modèle économique, de démontrer sa viabilité et, alors, d'en proposer l'intégration dans la programmation du projet urbain. Le lieu de convergences des publics aux Grands voisins, l'ancienne lingerie, véritable lieu de lien et de mélange des publics, a finalement été préservé pour qu'il continue de jouer ce rôle dans le projet final. Les projets d'urbanisme transitoire permettent également d'expérimenter des usages nouveaux sur des enjeux croissants tel que l'agriculture urbaine, les mobilités douces, l'économie circulaire, des usages qui sont parfois ensuite conservés dans les projets pérennes.

Ces projets permettent enfin de catalyser la mobilisation citoyenne, en animant des espaces collectifs communs et en constituant une communauté investie autour du futur projet. Un sujet, la participation citoyenne, pour lequel les dispositifs traditionnels ont montré toutes leurs limites, là où les projets d'urbanisme transitoire, sans que cela soit leur vocation première, contribuent à révéler des énergies citoyennes. Aux Grands voisins, une grande attention a été accordée à la signalétique, par l'intervention de Yes we camp[2], pour favoriser les espaces de rencontre.

2. Yes we camp est une association qui met en place, depuis 2013, des processus d'aménagement d'espaces définis en micro-territoires ouverts, créatifs, etc., selon le contexte.

Cependant tous les projets d'occupation temporaires ne se valent pas, en termes d'expérimentation, de mixité d'usages et d'ancrage territorial.

Dans quelles conditions ces projets peuvent-ils constituer des vecteurs d'expérimentation ?

C'est sans doute surtout la méthode employée pour développer l'occupation qui importe, à l'image de ce dont témoignent les acteurs impliqués dans ces projets :
- une approche progressive, itérative, d'« essai-erreur », qui permet de tester et d'ancrer le projet dans son territoire ;
- une approche participative et de co-construction. Aux Grands voisins, la gouvernance a trois têtes : Yes we camp pour l'aménagement des espaces extérieurs, Plateau urbain pour la programmation et Aurore pour l'hébergement d'urgence ;
- le « faire avec », partir de l'existant et faire avec ce qui est déjà là ;
- le fait d'autoriser, permettre. Nicolas Détrie de Yes we camp, qualifie les Grands voisins « d'espace autorisant ».

Ces approches permettent d'inscrire les projets dans leur contexte, en s'appuyant sur les forces et acteurs en présence. Mais s'ils emportent avec eux beaucoup de promesses, les projets d'occupation temporaires s'accompagnent aussi de plusieurs défis. L'un des enjeux les plus importants est sans doute celui du modèle économique pouvant faire vivre ces expériences temporaires. Un sujet sur lequel des réflexions sont en cours, visant, par exemple, à réserver dans le budget d'une opération d'aménagement un certain pourcentage des dépenses au financement de l'occupation, en reconnaissant la valeur qu'elle apporte dans la préfiguration du projet. Le cadre juridique apparaît également peu adapté aux contraintes financières et temporelles de ces occupations. D'un point de vue fiscal, par exemple, la taxe foncière sur les bureaux continue d'être exigée pour un immeuble tertiaire, même lorsque celui-ci a changé de fonction comme c'est le cas du 6B, à Saint-Denis, qui est aujourd'hui un lieu de création et de diffusion.

Un deuxième défi qui est celui de l'ancrage local de ces projets pour faire en sorte qu'ils répondent aux besoins des populations présentes, sans exclure. L'approche itérative et progressive selon le principe de programmation ouverte, le « faire-avec » répondent à cet enjeu lorsqu'ils sont mis en œuvre, tout comme la gouvernance du projet. À ce titre, le choix des acteurs en charge de l'occupation temporaire est lui aussi important.

Un dernier défi qui est celui de faire vivre l'innovation au-delà du projet d'occupation temporaire, en permettant son intégration au projet final. Cet enjeu pose aussi la question de la sortie du temporaire qui constitue une étape cruciale. Si l'on veut généraliser ces approches d'urbanisme transitoire, il faut s'assurer que la fin du temporaire se passe bien, soit anticipée au maximum, et qu'il y ait une relation de confiance entre l'ensemble des acteurs impliqués : propriétaires, collectivités, occupants et « facilitateurs ».

Au-delà des enjeux évoqués, la plus belle preuve de ce rôle de préfigurateur urbain, de catalyseur d'innovations joué par ces projets est sans doute leur consécration dans le projet retenu pour représenter la France à la biennale d'architecture de Venise en 2018, présenté par l'agence Encore heureux, où des projets d'occupation transitoire, dont les Grands voisins, le 6B à Saint-Denis ou encore l'hôtel Pasteur à Rennes, ne sont pas seulement qualifiés de « lieux innovants » mais, bien au-delà, de « lieux infinis ».

Les Grands voisins

« Les Grands voisins » est le nom de l'occupation temporaire du site de l'ancien hôpital Saint-Vincent-de-Paul (4 ha) avant son évolution en projet d'écoquartier. Initié au départ pour permettre l'hébergement d'urgence, le projet s'est progressivement enrichi d'autres fonctions. Sa mixité en termes de programmation, son jeu d'acteurs et son rayonnement en font un exemple d'occupation transitoire particulièrement abouti.

À partir de 2011, l'Assistance publique-Hôpitaux de Paris (AP-HP) a progressivement déplacé certains de ses services hors de Saint-Vincent-de-Paul et les bâtiments vacants ont été confiés à l'association Aurore, spécialisée dans la lutte contre l'exclusion, pour y créer des centres d'hébergement d'urgence. En 2014, l'hôpital cesse définitivement son activité.

L'association Aurore et la ville de Paris se sont accordées sur la nécessité d'occuper au mieux le site en y développant à la fois des activités d'insertion, la diversité des usages et l'ouverture à tous, et ont fait appel aux compétences de nouveaux partenaires. Ils ont confié à l'association Plateau urbain, spécialisée dans le montage d'occupations temporaires de locaux vacants et la mise en relation entre gestionnaires et porteurs de projets, le soin de coordonner la remise en état des bâtiments et la mobilisation de porteurs de projets pour occuper les locaux. L'association Yes we camp a eu la charge la conception, l'aménagement et la gestion des espaces extérieur, la mise en place et l'animation de temps de partage et de convivialité

L'association Aurore, appuyée par Plateau urbain, a défini un prix unique pour tous les espaces de travail mis à disposition. Ce montant a permis d'équilibrer les dépenses engagées par l'association pour le projet d'ici au départ du site. Il correspond environ à la moitié des prix constatés pour des bureaux dans le quartier. L'objectif était de permettre au plus grand nombre de structures de rejoindre le projet, en particulier celles disposant de peu de moyens : entreprises en création, artisans, artistes et acteurs de l'économie sociale et solidaire.

Le choix des structures résidentes a été fait selon plusieurs critères. Le besoin réel de locaux et la capacité à assurer la contribution financière au projet ont été pris en compte, mais également l'apport à la diversité des activités sur le site, et la volonté des candidats à s'intégrer dans le projet des Grands voisins, en proposant par exemple des activités avec les résidents du site.

Pendant la durée de la première étape d'occupation temporaire, de la fin 2014 à la fin 2017, le site accueillait 175 associations et entreprises résidentes, et 600 personnes étaient hébergées sur le site.

Un droit à la mobilité soutenable pour tous ?

Le mouvement des gilets jaunes porte de nombreuses revendications parfois contradictoires, allant de « moins d'impôts » à « plus de services publics ». Il donne lieu à autant d'interprétations quant à ses causes : inégalités sociales, faillite des corps intermédiaires, crise de la représentation démocratique. Mais c'est une question de mobilité durable qui en est le déclencheur.

Par **Stéphane Cordobes**, conseiller recherche et prospective au Commisariat général à l'égalité des territoires (CGET), et **Karine Hurel**, géographe et cartographe, directrice de mission à la Fédération nationale des agences d'urbanisme (FNAU)

L'idée d'un droit à la mobilité a-t-elle déjà autant résonné avec l'actualité politique ? Calqué sur le droit à la ville théorisé par Henry Lefebvre il y a un demi-siècle, le droit à la mobilité procède d'un constat simple : dans le monde urbain, les déplacements, les flux et les échanges sont des dimensions fondamentales. En priver les individus revient à les empêcher de mener leur projet de vie et à créer des inégalités.

La nécessité de cette capacité mobilitaire vaut pour tous les habitants, des villes et des campagnes. Ces espaces n'offrent pourtant pas les mêmes facilités. Les villes, dotées de transports en commun et de services de mobilité variées et adaptées aux différents publics, sont plus à même de garantir ce droit. Les territoires peu denses offrent généralement moins de solutions, obligeant les individus à recourir à la voiture. Or la périurbanisation qui conduit à habiter les campagnes tout en dépendant des villes pour travailler et bénéficier de leurs aménités a renforcé la dépendance aux déplacements de ce type.

L'insoutenabilité de ce modèle est connue. S'éloigner des villes, bénéficier de confort spatial et d'un foncier plus abordable est judicieux tant que les coûts de la mobilité restent faibles et l'environnement négligé. L'augmentation des coûts liée au prix de l'énergie et des véhicules ainsi qu'à l'impact de ces déplacements sur l'environnement, la santé, la qualité de vie, s'accommode mal du manque d'élasticité du budget d'une part de plus en plus grande de ménages.

Les solutions alternatives qui se développent en complément des transports en commun, liées aux partages et à la mutualisation de véhicules, à l'essor des moyens de transports individuels électriques ainsi qu'à l'élargissement de l'usage des mobilités douces facilitées par le développement de plateformes multimodales permettront-elles de garantir durablement ce droit à la mobilité pour tous ? Les territoires n'affichent pas le même volontarisme en la matière ni ne disposent des mêmes ressources.

Remédier aux conséquences d'un demi-siècle de politiques aménagistes de ce point de vue peu cohérentes constitue dans tous les cas un sacré défi.

Sous prétexte de favoriser le développement de tous les territoires pour équilibrer le pays, on a encouragé la périurbanisation, l'éloignement des lieux de résidence et d'emploi, l'affaiblissement des villes-centres, la dépendance à la voiture ; dans le même temps, on tentait de réguler l'étalement urbain et ses externalités par des normes et dispositifs de planification peu efficaces.

Si la crise actuelle est avant tout sociale, avec un creusement inique des inégalités de revenu, de capital et une fragilisation des classes moyennes et populaires, on ne peut douter que notre modèle d'occupation de l'espace et les contraintes pesant sur le droit à la mobilité n'arrangent rien.

La géographie des alternatives à la voiture individuelle

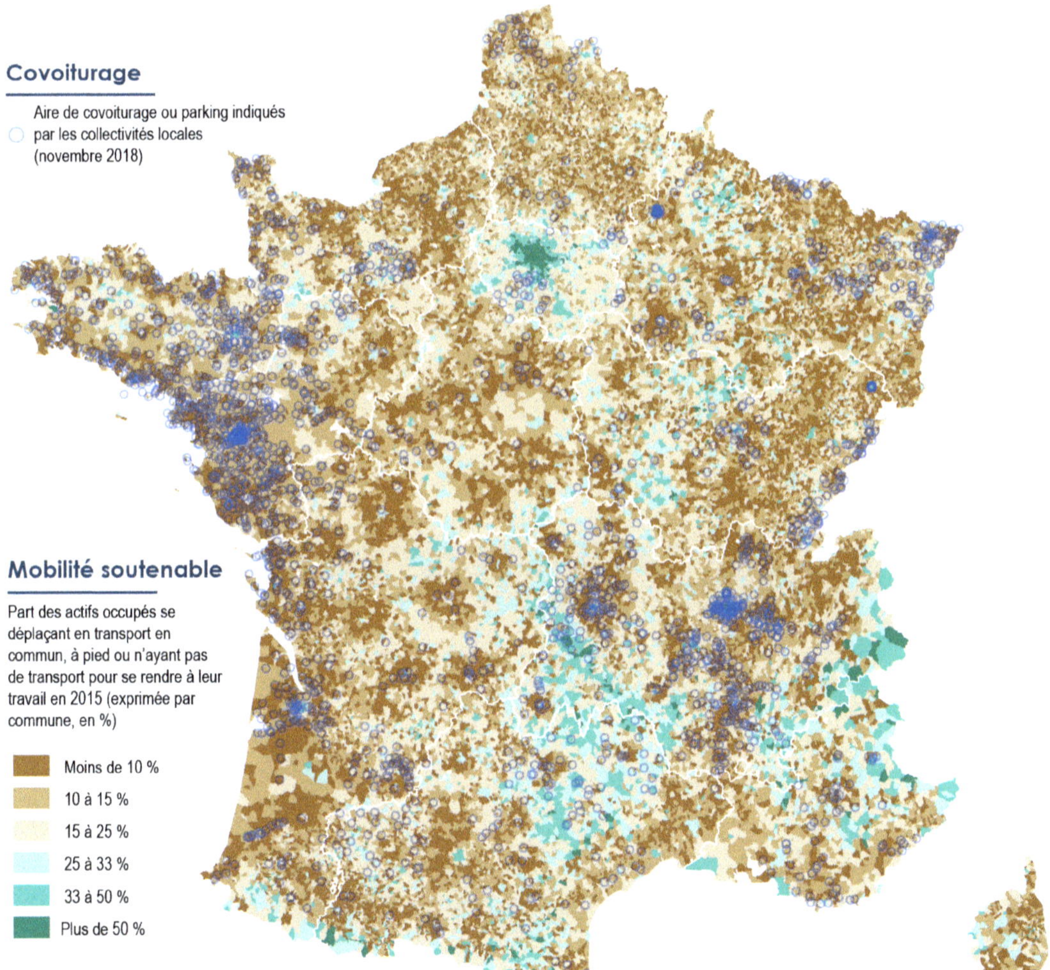

Répartition des modalités de déplacement pour se rendre à son travail, par région

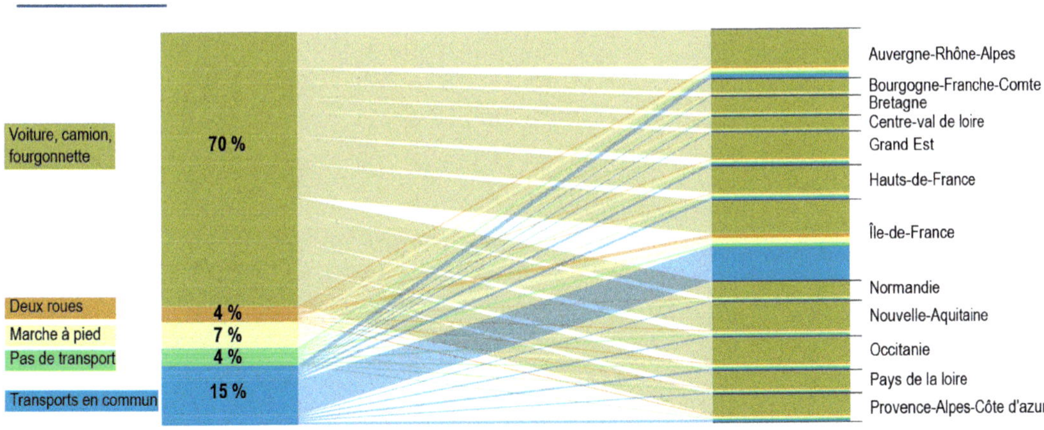

Sources des données : Insee RP 2015 - Blablacar 2018

CULTURES
PUBLIQUES
Événements
Vidéos
Lectures
Colloques
Podcasts

DITP
Expérimentation

FRANCE EXPÉRIMENTATION

France expérimentation : qu'est-ce que c'est ? Ce dispositif s'inscrit dans une dynamique de simplification et d'innovation en agissant sur l'environnement juridique des entreprises. Le principe est simple : vous êtes une entreprise ? Vous avez un projet innovant ? Votre projet est irréalisable en raison de dispositions réglementaires (et désormais législatives) contraignantes ? Dans ces conditions, France expérimentation propose, en partenariat avec différents acteurs publics (ministères, collectivités locales, etc.), de lever les freins normatifs, pour une période déterminée, pour vous laisser expérimenter et innover plus simplement.

Après un premier appel à projets en 2016, limité aux normes réglementaires, le programme se dote d'un nouveau dispositif pour répondre encore mieux aux besoins d'adaptation des normes et des procédures administratives des acteurs économiques. En effet, le programme est désormais permanent pour les projets au niveau réglementaire. Sur les onze projets retenus en 2016, six ont déjà été mis en œuvre parmi lesquels :
- production de farines d'insectes pour l'aquaculture ;
- publicité par marquage au sol ;
- développement d'un procédé d'irrigation par aspersion qui permet de fertiliser les cultures grâce aux éléments nutritifs contenus dans les eaux résiduaires urbaines traitées.

Depuis, d'autres appels à projet ont eu lieu, le Premier ministre a notamment lancé, le 3 mai 2018, un appel à expérimentations relevant de normes de nature réglementaire ou législative, susceptibles pour ces dernières de figurer dans la section « expérimentations » du projet de loi PACTE.

Plus récemment encore, le dispositif France expérimentation a lancé un nouvel appel à projets dits de « territoires d'industrie » dont l'objectif est de faciliter les demandes de dérogations administratives et réglementaires pour les porteurs de projets innovants établis dans les 124 « territoires d'industrie » répartis dans toute la France. Cet appel est ouvert du 20 décembre 2018 au 30 avril 2019.

https://www.modernisation.gouv.fr/nos-actions/france-experimentation

Étude
Institut d'aménagement et d'urbanisme

LA GOUVERNANCE DE LA SÉCURITÉ PUBLIQUE EN ÎLE-DE-FRANCE

L'Île-de-France est un territoire à la superposition et au découpage administratifs très particuliers : il est à la fois le territoire des administrations centrales de l'État, de la ville de Paris, de la métropole du Grand Paris, de la préfecture de police de Paris, de la région Île-de-France, de plusieurs communes, de plusieurs intercommunalités, etc. La question de la sécurité étant déjà complexe par nature, l'éclatement de sa gouvernance semble rendre l'équation insolvable. Pourtant, ces questions sont primordiales, particulièrement depuis le durcissement de la pression sécuritaire face à la menace terroriste. À partir d'une enquête qualitative très concrète, l'étude de l'Institut d'aménagement et d'urbanisme de la région parisienne (IAURP) interroge la contribution des différentes strates politico-administratives sur fond de réformes territoriales et pose la question du « qui fait quoi ? » dans un contexte qui favorise à plusieurs titres le renforcement des pouvoirs locaux.

https://www.iau-idf.fr/savoir-faire/nos-travaux/edition/la-gouvernance-de-la-securite-publique-en-ile-de-france.html

Enquête
Observatoire de la démocratie de proximité

LES MAIRES DES COMMUNES DE MOINS DE 500 HABITANTS

En 2018, on dénombrait 18 547 communes de moins de 500 habitants, cela représente 52,3 % de l'ensemble des communes de France. Pourtant la parole des maires de ces communes semble peu entendue. C'est dans ces conditions qu'une enquête a été menée dans le cadre l'Observatoire de la démocratie de proximité. Différentes questions sont directement posées à ces maires. Plusieurs enseignements principaux ont été dégagés par les auteurs de l'enquête ; en voici quelques-uns :

- nombreux sont celles et ceux qui considèrent que la décentralisation n'est plus synonyme d'espace de liberté et de projet mais reflète désormais une division du travail laissant aux collectivités locales les missions d'exécution et de contact avec les usagers.

Cette évolution qui conduit vers une décentralisation fonctionnelle, qui ne se distingue plus toutefois d'une déconcentration des moyens d'action publique, fait l'objet de nombreuses critiques portantes non pas seulement sur le retrait de l'État mais aussi sur le mépris qu'il semble avoir du local en général et du rural en particulier. Cependant, derrière cette nouvelle donne, entre centre et périphérie, apparaît un autre facteur d'évolution : la crise de la citoyenneté elle-même ;

- pour de nombreux maires de petites communes, le niveau d'exigence des administrés n'a cessé de croître dans un univers aux ressources de plus en plus limitées. L'émergence d'un citoyen consumériste rend le maire vulnérable aux critiques personnelles et rend sa mission d'autant plus difficile que les communes perdent de leur cohésion sociale ;

- ce nouveau modèle de citoyenneté met à mal, paradoxalement, toutes les tentatives de développer la démocratie participative au moment où la demande de pouvoir horizontal est particulièrement importante.

https://www.amf.asso.fr/documents-les-maires-communes-moins-500-habitants

Étude
Fonds monétaire international

POPULISME ET SOCIÉTÉ CIVILE

Au sens large de leur définition, les partis populistes semblent souvent s'estimer être les seuls à écouter et représenter le « vrai » peuple. Dans ces conditions, que reste-t-il de la société civile, des citoyens eux-mêmes ? La question n'est pas anodine. En effet, depuis Tocqueville, les associations, comme les actions et organisations citoyennes, sont perçues comme l'un des facteurs-clés d'une bonne démocratie. Du moins, c'est de ce point de vue que partent les auteurs cette étude parmi lesquels les économistes du Fonds monétaire international Tito Boeri, Prachi Mishra, Chris Papageorgiou et Antonio Spilimbergo.

L'étude, dont il est ici question, tente de répondre à deux interrogations :

1 – Les membres d'une association ou d'une organisation citoyenne votent-ils moins pour les partis populistes ?

2 – Lorsque ces partis populistes sont au pouvoir, la participation de la population à ces mouvements citoyens diminue-t-elle ?

On peut, *a priori*, penser que ces deux questions sont naturellement biaisées tant elles semblent faire un rapprochement rapide entre des éléments qui sont si complexes et généralement expliqués par une multitude de facteurs. Pourtant, les économistes à l'origine de cette étude affirment très sérieusement que la corrélation existe. En effet, on peut relever dans le rapport que les membres d'une association ou d'un mouvement citoyen sont 2,4 à 4,2 % moins susceptibles de voter pour un parti populiste. Loin d'être dérisoires, ces résultats doivent être interprétés en gardant en tête que parmi les personnes interrogées, la moyenne des intentions de vote pour un parti populiste tourne autour de 10 à 15 %.

Précisons que l'étude a été principalement menée en Europe pour la riche tradition associative et en Amérique latine pour le rapport historique important des populations aux partis populistes. Cette étude résonne particulièrement dans le contexte de la crise des Gilets jaunes en France.

https://www.imf.org/en/Publications/WP/Issues/2018/11/17/Populism-and-Civil-Society-46324

Podcast France culture

RECHERCHE MÉDICALE : LES BONNES RAISONS DE SE RÉJOUIR POUR 2019

Que ce soit dans la recherche sur le cancer, le SIDA ou sur les maladies génétiques, des découvertes intéressantes ont eu lieu en 2018. Ce podcast, animé par Julie Gacon, réunit quatre intervenants pour discuter de ces quelques progrès scientifiques, de quoi donner un peu d'espoir pour des avancées encore plus grandes en 2019. Ces axes de recherches sont alors explorés par Faïza Bossy, médecin généraliste, médecin vasculaire et journaliste, Marina Karmochkine, médecin spécialiste du SIDA à l'hôpital Georges-Pompidou à Paris, Éric Solary, professeur d'hématologie, directeur scientifique du cancéropôle Île-de-France, directeur de l'Institut de recherche intégrée en cancérologie Gustave-Roussy et Cécile Thibert, journaliste santé au *Figaro*.

https://www.franceculture.fr/emissions/dimanche-et-apres/cancer-vih-ia-therapies-geniques-quelles-sont-les-avancees-de-la-recherche-medicale

Podcast France culture

AU QUÉBEC, DES VISITES AU MUSÉE PRESCRITES SUR ORDONNANCE

Dans ce court reportage, à réécouter sur *FranceCulture.fr*, Pascale Guéricolas nous emmène outre-Atlantique, pour nous expliquer qu'au Québec, on ne doute plus du pouvoir de l'art et de la création artistique comme outil thérapeutique dans des cas de problèmes de santé mentaux et/ou physiques.

Le musée des Beaux-Arts de Montréal propose, par exemple, des ateliers spéciaux pour lesquels certains patients peuvent même recevoir une prescription de leur médecin les incitant à faire des visites. Tous les jeudis, le musée reçoit des seniors souffrant de pathologies liées à l'âge. D'après les médecins, ces rendez-vous améliorent sans aucun doute la santé et font diminuer la consommation de médicaments. Des études conjointes avec d'autres musées dans le monde sont prévues, notamment celui de Nice en art moderne et contemporain.

https://www.franceculture.fr/emissions/le-reportage-de-la-redaction/au-quebec-des-visites-au-musee-prescrites-sur-ordonnance

Rapport
OCDE

LE SYSTÈME D'INNOVATION DE LA FONCTION PUBLIQUE AU CANADA

La synthèse intitulée « Le système d'innovation de la fonction publique au Canada » compile les points les plus saillants de la première étude de l'OCDE sur un système d'innovation national du secteur public. Cette enquête a été menée par l'Observatoire de l'innovation du secteur public au sein de la direction de la gouvernance publique de l'OCDE, avec l'appui de l'unité de l'impact et de l'innovation du bureau du conseil privé et des Affaires mondiales Canada du gouvernement du Canada.

http://oe.cd/gov-innovation-canada-fr

Revue
Réseaux
La Découverte

LES ACTIVITÉS MENÉES SUR LES PLATEFORMES NUMÉRIQUES

La revue *Réseaux*, créée en 1982, s'intéresse à l'ensemble du champ de la communication en s'axant tout particulièrement sur les télécommunications mais aussi sur les mass-médias, la télévision et l'informatique. La réflexion sur la communication étant à l'origine de nombreux débats au sein des sciences sociales, des numéros sont aussi consacrés à des questions d'ordre théorique ou méthodologique. Bien qu'orienté plutôt vers la sociologie, *Réseaux* souhaite traiter les problèmes de la communication de façon pluridisciplinaire.

Ce numéro axé sur les plateformes numériques amène à s'intéresser aux nombreuses activités quotidiennes dont le fonctionnement est aujourd'hui bousculé : prêt ou location entre particuliers, covoiturage, livraison de repas, micro-tâches, travail immatériel, coups de main entre voisins, etc. Ces sujets sont traités par différents auteurs qui s'intéressent aux dispositifs d'échanges de biens et services à travers des recherches empiriques qui couvrent un éventail varié de plateformes, depuis la livraison à vélo jusqu'au *microtasking*[1], en passant par Facebook ou par la location ou la vente entre particuliers.

Retrouvez le dossier intitulé « Les activités menées sur les plateformes numériques », coordonné par Jean-Samuel Beuscart et Patrice Flichy, dans la revue *Réseaux*, La Découverte, vol. 36, n° 212/2018.

https://www.editionsladecouverte.fr

Événement
Paris La Défense

AP CONNECT
29-30 Janvier 2019
Espace Grande Arche, Paris

AP CONNECT : LE SALON DES SOLUTIONS IT POUR LES ADMINISTRATIONS PUBLIQUES

Surnommé « *APconnect* », le salon des solutions numériques pour les administrations publiques se tient à Paris La Défense, à l'espace Grande-Arche, les 29 et 30 janvier 2019. Au même moment se tient le premier Congrès national des élus du numérique : deux journées de débats et de partage d'expériences pour conforter les politiques publiques numériques locales. Organisé par l'association Villes internet, sous le haut patronage du ministère de la Cohésion des territoires et des Relations avec les collectivités territoriales, ce congrès est aussi l'occasion de décerner son label national « Territoires, villes et villages internet » – dont c'est déjà la 20e édition – à plusieurs centaines de collectivités.

- *https://www.apconnect.fr/*
- *http://www.villes-internet.net*

1. Le *microtasking* consiste à scinder un travail volumineux en petites tâches pouvant être distribuées à plusieurs personnes, à travers Internet.

Solidarité
AirBnb

airbnb

LES ACTIVITÉS MENÉES SUR LES PLATEFORMES NUMÉRIQUES

Le 5 novembre 2018, deux immeubles se sont effondrés dans la rue d'Aubagne, à Marseille. Alors que le drame avait touché les Marseillais par sa proximité, il a très vite eu un retentissement national. Trois jours plus tard, AirBnb, plateforme permettant à des particuliers de louer leur logement ou une partie de leur logement à des voyageurs, annonçait la mise en place, à Marseille, du programme « *Open homes* ». Ce programme consiste à fournir un hébergement temporaire, à titre gratuit, aux personnes impactées par des catastrophes naturelles, des conflits ou des maladies. Ainsi, à Marseille, comme l'a annoncé AirBnb, « toute personne habitant Marseille peut proposer un hébergement – à titre gratuit – aux voyageurs dont le séjour a été interrompu ainsi qu'aux habitants évacués temporairement, ce [à partir du 8 novembre] jusqu'au 28 novembre ». À Marseille, 52 hôtes ont gratuitement ouvert les portes de leur logement.

À l'origine, cette idée est née de l'histoire d'un hôte de Brooklyn, États-Unis, qui avait proposé gratuitement son logement après les dégâts causés par l'ouragan Sandy en 2012. Depuis, AirBnb affirme avoir mis en œuvre ce dispositif sur 300 catastrophes à travers le monde.

Alors qu'à Marseille, la mise en œuvre d'*Open homes* a mis en lumière la réactivité et la solidarité locales, ce programme « *Open homes* » est présenté par AirBnb comme un véritable « programme d'aide humanitaire » à plus grande échelle. En effet, on propose, par exemple, de partager son logement avec des personnes en convalescence ayant besoin d'accompagnement à la suite d'une maladie ou de partager son logement en accueillant des réfugiés.

https://www.airbnb.fr/openhomes

Consultation
Conseil national du numérique

ÉTATS GÉNÉRAUX DES NOUVELLES RÉGULATIONS NUMÉRIQUES

Alors que de son côté, l'administration a déjà travaillé sur les bases prospectives du débat sur les nouvelles régulations numériques, le secrétaire d'État chargé du Numérique en publie la synthèse en vue de consulter publiquement les différents acteurs concernés. C'est le Conseil national du numérique (CNNum) qui a été mandaté pour mettre en œuvre une consultation à la fois en ligne et hors ligne, par le biais notamment d'événements participatifs thématiques et la mise à disposition d'une « boîte à outils » pour faciliter l'organisation d'atelier-relais. Ces travaux donneront lieu à une première restitution publique au mois de février. Les conclusions de cette consultation contribueront à nourrir la réflexion des autorités françaises sur les différents sujets abordés, et les propositions de la France faites à la prochaine mandature européenne. En effet, il n'a échappé à personne que ces questions de régulation numérique intéressent la France mais également à l'échelle de l'Union européenne.

https://egnum.cnnumerique.fr/

Podcast
France Culture

CIVIC TECH : DE LA MARGE AU CENTRE DU JEU POLITIQUE ?

À retrouver sur France Culture quelques courts témoignages, recueillis par Anne Fauquembergue avec la collaboration Nathalie Lopes, présentant différents acteurs de l'écosystème *civic tech*.

https://www.franceculture.fr/emissions/hashtag/civic-tech-de-la-marge-au-centre-du-jeu-politique

Cycle de conférences
France stratégie

OBSOLESCENCE PROGRAMMÉE ET IMPACT ENVIRONNEMENTAL DU NUMÉRIQUE

Faisant suite aux récentes données publiées par *The Shift Project*, un *think tank* œuvrant en faveur d'une économie libérée de la contrainte carbone, France stratégie a organisé la troisième séance du cycle intitulé « L'impact environnemental du numérique », sur le thème du défi de l'allongement de la durée de vie des terminaux numériques. Cette séance a donné lieu à la publication en ligne d'un podcast et d'une courte vidéo de présentation. En effet, alors qu'on pensait que la réduction de l'impact énergétique du numérique passait avant tout par l'optimisation de la consommation des réseaux télécoms et *data centers*, on se rend aujourd'hui compte que 45 % de l'impact écologique se situe en réalité dans la phase de production des équipements.

Afin de comprendre les différents enjeux de l'allongement de la durée de vie des équipements numériques et de leur économie, France Stratégie a donné la parole à des acteurs luttant contre l'obsolescence programmée pour ensuite se pencher sur le potentiel du passage d'une économie de la propriété à une économie de l'usage et son impact sur l'allongement de la durée de vie des équipements. Faut-il imposer des obligations aux constructeurs de machines ? Faut-il privilégier la location de matériel informatique ? Différentes questions abordées et plusieurs pistes proposées à l'issu de ces séances de réflexion.

https://www.strategie.gouv.fr/debats/defi-de-lallongement-de-duree-de-vie-terminaux-numeriques

INTERVIEW

Julia de Funès

Nicolas Bouzou

Accumulation de process, réunions interminables, injonctions paradoxales, séminaires infantilisants type « *escape game* », religion du « bonheur au travail » : l'entreprise serait-elle devenue le lieu de l'absurde ? Dans *La comédie (in)humaine. Comment les entreprises font fuir les meilleurs ?*, l'économiste Nicolas Bouzou et la philosophe Julia de Funès[1] pointent les nombreux dysfonctionnements du management moderne et proposent des solutions simples pour redonner du sens au travail. Une source d'inspiration et d'action pour le secteur public.

Bouzou N., De Funès J., *La comédie (in)humaine. Comment les entreprises font fuir les meilleurs*, sept. 2018, Éditions de l'Observatoire, 176 p., 17 €

La « comédie (in)humaine » dans les entreprises que vous dénoncez, et qui est aussi le titre de votre ouvrage, est-elle encore plus forte dans le secteur public ?

Le secteur public importe souvent les méthodes managériales du privé, qui ne marchent pas forcément. Les indicateurs de performance sont un bon exemple. Dans les entreprises, ces indicateurs ont généré beaucoup de process et diminué la capacité d'initiative des collaborateurs. Les hôpitaux publics et les administrations centrales ont adopté ces indicateurs de performance, mais les résultats ont été encore plus désastreux que dans le privé. Les mêmes problèmes se sont posés mais en pire.

Est-ce possible selon vous de faire évoluer le management dans les administrations où la hiérarchie est encore très présente ?

Oui, c'est possible, tout repose sur la capacité d'innovation, l'intelligence émotionnelle et l'audace des managers du secteur public (directeurs, sous-directeurs, chefs, sous-chefs, etc.). Il ne s'agit pas de remettre en cause la verticalité de l'organisation administrative, car elle nous semble incontournable tant les effectifs sont nombreux. Il s'agit d'assouplir le management, de mieux valoriser les compétences plutôt que le statut des agents publics, de favoriser la créativité mais aussi le courage et l'audace de celles et ceux qui veulent changer les choses !

Parmi vos propositions pour travailler mieux dans le privé, vous évoquez notamment la destruction des silos dès qu'ils se forment, de rendre les intitulés de poste plus compréhensibles, de développer le télétravail ou encore de remplacer les formations inutiles par des formations en humanités, etc. Autant de solutions défendues aussi par les acteurs de l'innovation publique… Quelles sont vos préconisations pour transformer le secteur public ?

La taille de l'organisation, qu'elle soit publique ou privée, constitue le vrai problème. Plus la structure est importante, plus les procédures ont tendance à se multiplier. En fait, il faut se battre contre la bureaucratisation qui gagne les organisations. Il faut aller vers plus de flexibilité et de souplesse. Nous sommes encore dans une période de transition, cela est encore possible !

1. Rencontre avec les auteurs le 20 novembre 2018 à l'occasion de la conférence USI Connect « Management : construire l'entreprise du XXIe siècle » : *https://blog.usievents.com/usiconnect-management-construire-entreprise-du-xxie-siecle-avec-julia-de-funes-et-nicolas-bouzou/*

PROCHAIN DOSSIER À PARAÎTRE

Être maire, est-ce devenu un métier ?

Démissions en série, révolution numérique, changement de génération, transformation de la société, nouvelles compétences, etc. Les maires doivent-ils se professionnaliser pour faire face aux nouveaux défis de notre époque ?

DIRECTEUR DE LA PUBLICATION
Pierre-Marie Lehucher

DIRECTRICE DE L'ACTIVITÉ OUVRAGES ET CONTENUS
Émilie Martin
emilie.martin@berger-levrault.com

RÉDACTEUR EN CHEF
Julien Nessi
julien.nessi@berger-levrault.com

RÉDACTION
Clotilde Cadu
Antoine Cnudde
Baptiste Gapenne
Gérard Ramirez del Villard

COORDINATION SECRÉTARIAT ÉDITORIAL ET PRÉPRESSE
Nathalie Veuillotte
nathalie.veuillotte@berger-levrault.com
Lydie Margery
lydie.margery@berger-levrault.com

MAQUETTE ET MISE EN PAGE
Isabelle Eveno

IMPRESSION
Dupli-Print - N° d'impression : 2019012362

SERVICE RELATION CLIENT
0 820 35 35 35
(service 0,20 € / min. + prix appel)
64 rue Jean-Rostand
31 670 Labège

La revue Horizons publics
est éditée par Berger-Levrault
SA au capital de 12 531 365 €
locataire gérant Intuitive, RCS Nanterre 755 800 646
892 rue Yves-Kermen, 92 100 Boulogne-Billancourt

DÉPÔT LÉGAL : JANVIER 2019
CPPAP : 1222 T 82374
ISSN : 0753-4418

Crédits photos : Territoires Audacieux, Y. Olivier, S. Cordobes, J. Nessi, PUBLIC.IO, Fotolia.

BOÎTE À IDÉES ...

Cette revue est aussi la vôtre ! N'hésitez pas à nous soumettre vos envies de lecture, propositions de collaboration ou toute remarque nous permettant de mieux répondre à vos attentes.
redaction@horizonspublics.fr

S’ABONNER À HORIZONS PUBLICS

FORMULE INTÉGRALE

6 numéros par an
4 hors-séries thématiques
Accès illimité à horizonspublics.fr

Abonnement annuel
299 € TTC*

FORMULE NUMÉRIQUE

Accès illimité
à horizonspublics.fr

Abonnement annuel
249 € TTC*

Conditions de vente :
(*) Taux de TVA sur l’abonnement papier : 2,1 %. Taux de TVA sur l’abonnement numérique : 20 %.
Conditions générales d’abonnement et d’utilisation : www.horizonspublics.fr/mentions-legales

HORIZONS PUBLICS

Informations indispensables au traitement de votre demande d'abonnement

Bulletin d'abonnement à retourner à :
Berger-Levrault - Service Relation Client - 64 rue Jean Rostand - 31670 Labège

Je souscris un abonnement d'1 an à Horizons publics :

☐ **FORMULE INTÉGRALE** ☐ **FORMULE NUMÉRIQUE**

CONTACT ET ADRESSE DE FACTURATION

Numéro de client

Structure : ....

NOM Prénom : ....

Fonction : ....

Adresse : ....

....

Code postal : ☐☐☐☐☐ Ville : ....

E-mail : ....

☐ Je certifie avoir pris connaissance des conditions générales d'abonnement et d'utilisation disponibles sur : www.horizonspublics.fr/mentions-legales

L'utilisateur dispose, conformément à la règlementation française et européenne en vigueur relative au traitement et à la protection des données à caractère personnel et notamment le règlement européen 2016/679 du 27 avril 2016, d'un droit d'accès, de rectification, de portabilité et d'opposition aux informations qui le concernent. Pour exercer ce droit, l'utilisateur doit en faire la demande, en justifiant de son identité, à Berger-Levrault, Direction juridique, 64 rue Jean Rostand, 31670 Labège ou à *courrier@berger-levrault.com*

VOTRE COMPTE D'ACCÈS À HORIZONSPUBLICS.FR

(Pour la formule « Intégrale » et la formule « Numérique »)

Civilité NOM Prénom : ....

Email : ....

Dans le cadre de votre abonnement, vous pouvez bénéficier de 10 comptes d'accès. Pour en demander l'ouverture, veuillez lister sur papier libre les civilités, noms, prénoms et e-mails des accès supplémentaires souhaités.

VOTRE ADRESSE DE LIVRAISON

(Uniquement pour la formule « Intégrale »)

Nous vous remercions de renseigner votre adresse de livraison si celle-ci est différente de celle de facturation.

Structure : ....

NOM Prénom : ....

Adresse : ....

....

Code postal : ☐☐☐☐☐ Ville : ....

Cachet, date et signature

Berger-Levrault et vous

boutique.berger-levrault.fr

relationclient@berger-levrault.com

0 820 35 35 35 Service 0,20 € / min. + prix appel

Du lundi au vendredi
de 8h à 12h et de 13h à 17h30

05 61 39 86 64

64, rue Jean Rostand
31670 Labège